大是文化

厲害是攢出來的

多數人瞧不起的這些「笨功夫」，卻是聰明人用來吊打所有人。

曾任北京磨鐵出版公司最年輕總經理
《羅輯思維》、《明朝那些事兒》超級暢銷書策劃人
劉傑輝——著

U0020932

目錄

目錄

第八章

推薦序
戲棚下站久了，自然會有一片天

亞洲第一激勵達人／鄭匡宇

讀著《厲害是攢出來的》，裡頭的許多論點都讓我點頭如搗蒜。例如，作者提到，「不舒服的地方才有成長的機會」。而我回想起自己過去在求學、求職和創業的歷程，還真是如此！

學生時代第一次舉辦全國流行音樂大賽，剛開始在規畫的時候，難免覺得沒有一件事情是順利的，因為從來沒辦過類似活動所以覺得力不從心，內心更感到極度不舒服。但在想方設法克服了種種困難，順利舉辦完該活動後，非常幸運的引來另一個單位邀請團隊，舉辦另一場全國流行音樂大賽……。

這樣的經歷，讓我對於舉辦大型活動的規畫、宣傳、尋找不同資源合縱連橫，具備了一定的能力，也讓我後來創業時，做起類似的活動相當得心應手。

又例如，當年我選擇去韓國的弘益大學教授中文，一開始得知需要面試的時候，內心也難免會有各種的不舒服以及自我打擊：「我不會韓語，人家會要我嗎？」、「在韓國生活，還要學韓語、適應當地文化，如果被排擠怎麼辦？」一種種的不舒服或許會讓很多人卻步，但我從過去的經驗知道，越是讓自己不舒服的環境，才越能使自己成長。

因此我咬緊牙關，奮力一搏，不僅從困難的面試中擊敗眾多對手脫穎而出，獲得教職，還在七年的韓國之旅中學好了韓語、甚至投資了韓國的股票與房地產，成為目前在臺灣搜尋投資韓國房地產關鍵字時，谷歌推薦的第一名。

創業之後，讓我不舒服的事情變得比以往更多了。從提案一直被拒絕、承辦的活動越來越複雜、到需要開發新商品和建立新品牌……沒有一件事情是自己得心應手的，但我秉持著一樣的精神，邊做邊學，並且「在感到焦慮和迷茫時把握現在」。

誠如作者所提到的，把握現在，其實就是強化核心的能力與價值，在戲棚下站久了，自然會有屬於你的一片天。與其在那裡躊躇滿志、怨天尤人，還不如把時間精力拉回在自己的領域埋首深耕，並且適當的藉由不同機會呈現出來，獲得主管乃至於客戶的青睞。對我而言，這不管在寫作、演講還是主持等領域，都在在證明了它的威力，也帶給我豐厚的回報。

因此，如果你也想在自己的領域「變得很厲害」，一定要從現在開始採取行動。我們不必很厲害才開始做些事情，正是因為開始行動了，才有機會變得很厲害！這本書，就是一部讓你在過程中能夠趨吉避凶、步伐穩健的葵花寶典。我誠摯推薦給大家。

前言
世上所有的開掛，都是厚積薄發

我用盡了整個青春來折騰和掙扎。

國中時，我看武俠小說、打架、逃學、離家出走……除了學習以外，我什麼事都做了。

高一的時候，我的成績慘澹，期末考試最高只得了十二分。親友們說：「你是《古惑仔》看多了。」的確，那時的我認為，世上沒有比「講義氣」更酷的事了。當一個威風凜凜的古惑仔，就是那個年紀的我的人生目標。

是的，每一個人生階段我都有自己的目標，不管它多麼可笑。那時我真的以為，人生就應該像電影裡演的那樣，靠自己的雙手拚出一條血路，轟轟烈烈，至死方休。

於是，我退學了。遺憾的是，我沒有跟上厲害的大哥，當小混混的日子也沒想像中那麼美好，我混跡在小縣城裡，靠打牌度日，真沒那麼彪悍和威風。

半年過去，由於實在太過無聊，我只好去姨丈的建築公司，跟著水電師傅做學徒。十六歲生日那天，我正式開始了民工（為了工作從農村移民到城市的人）生涯。半夜兩、三點，我在打混凝土的工地上安裝管道，天上下著傾盆大雨，我爬上七、八層樓高的塔吊（塔式起重機），全身溼透、鼻子進了雨水，眼睛睜都睜不開。

但我一點都不覺得苦，我那顆年輕、稚嫩的心被夢想燃燒得熾熱，我以為自己正在邁向人生顛峰，這想法真是太「中二」了！

一九九七年香港正處於金融危機，因此香港最大的商營電視臺TVB拍了一部鼓舞人心的電視劇《創世紀》。這部電視劇看得我熱血沸騰，而裡面有兩句經典臺詞，一直到今天都激勵著我：

「成功就是要把不可能變成可能！」

「萬丈高樓平地起，基礎一定要打牢！」

這是一部關於房地產的電視劇，主角葉榮添因此成了我的偶像。我數過，他在劇中一共創業十七次、失敗十六次，在最後一次成功，實現了無煙城的夢想。就是因為這部電視劇，我的中二病又犯了！於是我決定重新讀書。我就是這種敢於相信的人，倔強、執著，想明白就去做，哪怕所有人都質疑我、反對我。

從想做古惑仔、到當工人，到有了地產大亨的志向後，我老實的回到了學校。我用兩個月的時間，把國中三年沒跟上的知識補了回來，花兩年的時間，考上了大學。

在大學，幾乎所有同學都是睡覺睡到自然醒，但我每天六點半就坐在自習室，如飢似渴的泡在圖書館裡讀書，還自學了商學院和研究生的課程。

人一旦知道自己內心真正想要的是什麼的話，所有在別人眼中的苦，對自己來說都是甘之如飴。

大學畢業後，我賣過保險、做過房產仲介、幫朋友做過網站……平均三個月換一次工作，在理想和現實中做過無數次的掙扎。

人生就像大海，如果沒有海水與暗礁碰撞起的浪花，就失去了原有的壯觀；生活如果僅為求得一帆風順，也將失去存在的魅力。

走進出版業之後，我的羅盤才最終在「內容」這塊海域定了下來。

我二十六歲當總經理，二十九歲當總裁，三十三歲融資千萬開公司。在此期間，我先後帶領團隊策劃出版了《自控力》、《拆掉思維裡的牆》、《人生不設限》、《羅輯思維》等超級暢銷書……與李開復、時寒冰、宋鴻兵、陳志武、羅振宇、樂嘉等眾多商業名流、知名ＩＰ（按：Intellectual Property，智慧財產權，範圍廣泛如電影、文學作品等。近來連品牌經營、社群經營也可以叫ＩＰ）深入合作。我的人生像開了掛（按：開掛，原意是指開外掛，現為網路流行用語，語意近似於超常發揮、超水平表現）一樣，在知識內容的土壤裡汲取養分，開花結果。

回顧這十八年，一路走來，我深知每一個成功背後都藏著許多鮮為人知的艱辛和苦痛。就像你只看到蠟梅傲嬌綻放於寒冬，其實，它早已積蓄力量，在酷寒中隱忍多日。

你認知的那些開掛的學霸，不過是你早早入睡時，他卻還在挑燈夜戰，你未醒，他卻書聲正酣；你認知的那些開掛的寫作大神，不過是碼字（按：網路小說作者創作作品的過程）碼到深夜兩點，日積月累，終於一飛衝天；你認知的那些開掛的明星演員，其實經過了嚴苛的訓練，幕後吃過無數苦、冒過無數險，才換來幕前的光鮮；你認知的那些開掛的富豪企業家，輸過多少回、背過多少債、受過多少辱，才換回今天的商場獨步！

試想，如果人到中年，當你如數家珍般高談闊論別人的人生，卻發現自己身上毫無可圈可點之處時，那有多麼的悲哀！

所以，就從現在開始吧！給自己制定一個具體而真實的目標，然後堅持不懈的努力。世上所有的開掛，只不過是厚積薄發。只要堅持下去，你想要的，歲月一定都會給你。

第一章

你以為的穩定與善良，正在拖垮你

書籍是寶藏，人們的思想和經驗的精華都在書中。其實，我們也可以把身邊每一個人都看成一本書。我喜歡這句名言：「學高為師，身正為範。」然而「三人行，必有我師焉」，懂得向前輩和高人偷師（偷偷學習別人的手藝、功夫）的人往往能走得更快、更遠。金庸筆下的郭靖郭大俠就是一個偷師的高手。

所謂大智若愚，大巧若拙。真正的聰明人往往都有一招「笨」功夫——虛心向高手學習的韌勁。這股勁頭總能讓那些特立獨行的前輩們，心甘情願的掏出他們的乾貨（按：主要指實戰性非常強的一些課程或經驗分享，多數源於自身的親身操作或體會進行講解，注重實用性）、絕學，對你傾囊相授。

不舒服的地方才有成長的機會

初入社會，我們不懂的東西比懂的多，與人打交道又比與書本打交道的頻率高。所以想要進步，最快、最好的方式就是偷師——向行業中更有知識、更有經驗的前輩學習。

當然，偷師也是有技巧的，你要能夠用讓人樂於接受的方式問出高級的、恰到好處的問題。如此一來，只要你所在的公司或工作環境不太差，你總能從周圍的資深人士身上學到很多，比如你的主管、同事或者客戶。觀察他們的做事方法和習慣，學習他們的思維和心態，總能幫助你提升自己的專業性和認知水平。

偷師是門技術活，必須走出兩個心理誤區（長期形成的錯誤認識或做法）。

一是「我即我的崗位」。工作中，許多人常常把「我」和「我的崗位」混為一談，認為我即我的崗位。

我有一個老同事，初入公司時，老闆還挺重視他，給了他一個相當不錯的職位。不過他有一個問題，就是只掃自己的門前雪，不管他人瓦上霜。對他而言，做好他認為是他職責範圍內的事就可以了，分外之事一點都不願做，結果在幾年內，公司規模越來越大，員工人數從幾十人到幾百人，而他的職位卻越做越低，甚至連他親自聘用的下屬也成了他的主管。

面對這種情況，他居然安之若素，沒有任何作為。其實也不奇怪，因為他是一個把自己的崗位邊界看得很窄的人。這就是一種典型的「我即我的崗位」的心態，本質上是一種思維的自我設限。

在我們的日常工作當中，這類人不在少數。不同的是，有的人最後選擇了離開，有的人則選擇繼續耗費生命。

工作崗位劃分的本質是為了更完善的達成組織目標，我們並非為崗位職責服務，而是為組織目標服務。因此，在工作上多做一點，可以讓崗位邊界變得寬闊。很多時候，你認知的他人瓦上霜，其實也是你的「一畝三分地」。

聰明的人在進入工作角色後，都會用一個更高、更寬的維度來定義自己的角色邊界，而不是陷入「我即我的崗位」的思維陷阱。這也是我們讓自己進入「想學的越多，學會考慮的越多，做得越多，獲得的機會就越多」的正向成長循環的基礎。

二是躲事，不願走出自己的舒適區。我的一位老同學經常和我談論他的第一份工作。他每次說起都感慨萬千，充滿無限懷念之情，聲稱自己特別喜歡第一份工作，不過非常遺憾，三個月的試用期還沒過就被辭退了。他至今都不知道原因，為此耿耿於懷。

當我問他具體的經過時，他是這麼講的，因為自認為性格比較內向，所以一進公司，就開始悶頭做事，不怎麼和老同事交流。他只和一個比他晚進公司的同事一起出去吃飯，一個月後，這位新同事莫名其妙的不再與他一起，而是選擇與後面新來的同事一起吃飯。直到離職，他還不清楚那位同事態度變化的原因。

聽了這個故事，大家一定為我這位老同學的行為發笑，感嘆他傻。其實，他的這種行為，是一種極為普遍的躲事心理。

多數人習慣躲老闆、躲前輩。細細分析他們這個「躲」的行為，其背後心理就在於，他們一般認為老闆找自己必定沒好事，不想惹禍上身。而前輩比自己懂得多，和他們交流真的好有壓力。

於是，為了避免在老闆和前輩面前自慚形穢、避免被詢問的尷尬，他們不但躲，還自我安慰說：「老闆和前輩們都太忙，我不好意思打擾他們。」這行為的內在心理動機，源於他們習慣待在舒適圈裡。

事實上，他們不知道**這看似不經意的躲，躲過的不是麻煩，而是資源。要知道，老闆和前輩的時間就是資源**，一旦他們願意在我們身上花費時間，恰恰說明了我們與我們正在做的事情的價值。

他們是職場老鳥，自然深諳篩選之道，清楚將時間花在我們身上是否值得，而我們要做的是抓住機會，盡最大的努力展現自己的價值，將這個資源搶到手。

沒錯，面對壓力，人人均會產生不適感，尤其是在老闆和高手面前。不過既然選擇了這份工作，就代表本質上選擇了這份挑戰。所謂「逆水行舟，不進則退」，你認知的舒適圈其實是一個坑，不舒服的事情才是成長的機會所在。

你的輸贏該由自己定義

俗話說「女怕嫁錯郎，男怕入錯行」，年輕人更常被告知要跟對人、走對路、做對事，成長路上，我們必須注重對自己能力的培養，同時，選擇或遇到一個靠譜的主管也同等重要。

明輝是我從小一起長大的玩伴，一直是父母眼中典型的別人家的孩子。我媽總是對我說：「你瞧瞧人家明輝。」

沒錯，從小到大，明輝都是學霸般的存在。名牌大學畢業後，他輕輕鬆鬆的進了一家眾多同學擠破頭都無法進入的公司。當然，能進入這家公司，不僅意味著高收入，還因公司在業界的地位，作為其中的一員自然會令人稱羨，真可謂有頭有臉。

明輝是這家公司十幾年來唯一的一個本科生（按：相當於臺灣的大學部學生）。他的幸運，來自他所在部門的主管。這位主管看了明輝在大學時寫的文章，認定他是一個有想法的人，於是擋住公司給的壓力，破格將明輝招了進去。所有人都認為明輝的前途一片光明，因為他不僅進了好公司，主管還是他的伯樂，明輝當然也對此堅信不疑。他對主管心存感激，決定跟著主管好好做。

工作上，他相當主動積極，經常向主管提一些建議，而主管雖然不會直接採納，但也總說：「我會考慮你的建議。」明輝把公司當作自己一輩子的歸宿。

工作不到一年，明輝就買了房子，和心愛的女生結了婚。隔年，明輝的第一個孩子出生了，就在這時，公司規畫到外地開拓新業務，需要外派一個人負責，為期約半年。

主管安排外派明輝，但明輝拒絕了，原因是孩子剛出生，他實在捨不得孩子。而明輝主管的做事風格向來是快、狠、準。在明輝之前，整個部門從來沒人敢拒絕他的要求，明輝的拒絕，讓主管從此對他冷眼相待。

明輝覺得，自己的孩子剛出生，需要人照顧，實在沒有辦法，主管是過來人，過一段時間應該就會理解自己了。

但他錯了，主管一直都希望員工對他言聽計從，指哪打哪，於是主管開始拿他「殺雞儆猴」。從此，明輝被打入了冷宮。他曾想調到另一部門去，但主管絕不放人，明輝也想過辭職，卻又一直下不了決心，在異常艱難的取捨之間，明輝生了一場大病，耽誤了一、兩年的時間，於是他更不敢辭職了。

轉眼間，十年過去了，多年的媳婦熬成了婆，明輝卻突然發現，自己所在的公司已經被相當多的後起之秀超越，不再是行業翹楚，不再有任何的優勢。於是，他想到了辭職這個辦法，但他同時也意識到，如果現在辭職去新公司，就要從小職員做起，而自己一把年紀了，和那些剛入職的大學畢業生同臺競技，精力和體力可能都跟不上。

在這座城市，自己該有的，公司都提供了，他也算菁英階層中的一員，如果不辭職，混混日子，也可以衣食無憂。但那個處處刁難自己的主管剛升任了公司CEO，日子也是不好混的。究竟該何去何從，明輝特別彷徨，內心油然生出身不由己的傷感。

但主管真的會斷送你所有的青春，讓你的人生再也沒有希望嗎？不會，任何時候都不會。

心理學中有一個詞叫「損失規避」。所謂的損失規避，就是人們在面對同樣數量的收益和損失時，認為損失更加令人難以忍受。舉個簡單的例子，你丟了一百元的痛苦，需要得到兩百五十元的快樂才能互相抵消。

三十多歲的中年人，大多擁有相對穩定的職業和可觀的收入，這恰恰是他們身不由己的原因。此時如果放棄當下擁有的一切，重新開始，他們心裡就會嘀咕：「我要養家餬口，如果辭職去別的領域發展，萬一失敗了，那就什麼都沒有了。」正是因為這種想法，很多中年人便畏首畏尾，安於現狀。明輝就是一個典型代表。

同樣的處境，大軍則和明輝做出了截然不同的選擇。

大軍剛來北京時是我們所有朋友裡混得最好的。後來他回老家結婚生子，又因為諸多原因事業受挫，欠下了幾十萬元的債務，不得不重新回到北京打工。他做著一份月入八千元（按：本書幣值若無特別標注，皆為人民幣，依二〇二〇年七月七日當天公告為準，人民幣一元約等於新臺幣四・二元）的工作，每個月收入在滿足全家人基本生活後，所剩無幾。不過就在最艱難的那幾年裡，大軍也從來不自怨自艾，他總是勇敢的扛起責任，努力、進取、樂觀。

對比他當年的成功，我覺得此時是他人生中最好的時候，因為他的未來充滿了無限的可能。如今大軍已經還清了所有的債務，日子也越過越好。

生活總是讓人猝不及防，明輝和大軍在三十幾歲的年紀，同樣遭到了生活的打擊。明輝仍擁有優越的物質條件，而大軍似乎除了家庭之外，便一無所有。但很多時候，**決定我們狀態的是我們的心態，而非處境，成功往往是被逼出來的，有時候困住我們的，恰好是我們所擁有的。**

所以，保持從頭來過的心態，放下那些已經擁有的束縛，不時逼一逼自己，好過被動的讓外界來逼我們。

我的大學校友大冰，在校時一向以情商低著稱。初識大冰，他給我的印象不太好，因為他極易動粗。大學畢業後，他的家人動用各種關係，好不容易將他安排進了一家國企。結果沒幾個月他就辭職。

剛到北京時，他先後換了三個工作。說是換了三個工作，其實有兩次都是公司炒了他，還有一次是他自己受不了被排擠而主動辭職。再後來，他就進了現在的公司。

剛進這家公司，大冰就在產品開發上和主管發生了分歧。不過他發現，在這家公司，雖然有時主管被他氣得直跳腳，不過大家大多是就事論事，很少涉及對人的評價。相反的，他自己卻動輒評價主管。

有一次，他再次因產品開發與主管產生了分歧，他一怒之下寫了辭職信，指責主管根本不懂這個產品。就在他做好打包走人的準備時，主管不但堅決不同意他辭職，還態度誠懇的挽留他，最後，大冰也冷靜了下來。

這麼多年來，大冰和他的主管之間仍是衝突不斷，不過正是在種種衝突之中，大冰發現自己慢慢成長了。

某次喝酒的時候，大冰問主管：「公司各色人等，衝突不斷，你不煩嗎？」主管引用了賈伯斯的一段話：「那些本來只是尋常不過的石頭，卻經由互相摩擦、互相砥礪，發出些許噪音，才變成美麗光滑的石頭。」

多年過去了，大冰早已成為他所在行業的菁英，經常接到獵頭公司的電話。當對方舌粲蓮花的給出相當優渥的條件時，他也想過離職，並下定決心，如果下次主管再挑釁，他就走人。然而，每次都只是想想而已。如今，他還在與主管不停爭論、互相成就的路上一路前行。

或許在一些人看來，相比大冰，明輝實在不走運，遇到了一個器量狹小的主管，而他本人又太過優柔寡斷；大冰則要幸運得多，碰上了一個不計較的主管。

難道真是明輝和大冰遇到的主管決定了他們的命運？我不這麼認為，更多時候，決定事情結果的關鍵在於我們自己。

我喜歡和一個朋友於空閒時打撞球。雖然我的球技不怎麼樣，但熱情極高。而對方球技過人，我跟他打球，十次輸了九次，而且贏的那一次也是他讓了我。

在外人看來，我跟他打球，就是自討苦吃，不過我就是喜歡。因為在我看來，如果對方強我就退縮，不敢挑戰，那我一輩子都別想打過他。於是每次我們打球後，我就告訴自己：「下次再比賽，只要我贏一局，那我就算贏了。」而當我真的贏了一局的時候，我又告訴自己：「下一次只要我贏兩局，就算贏了。」慢慢的，我從最原本的每場都輸，逐漸變成能和這位朋友打成平手。

生活不會總是按照你的設想出牌，甚至不按常理出牌，它會不時給你一段段艱難的時光。但不管你是遇到一個強勢的主管，還是一個強勁的對手，甚至生活無情的將你打入谷底，你的輸贏都是可以由你自己定義的。

或許在他人眼裡，無論你贏一局還是兩局，都仍舊是一個失敗者，是被別人壓榨的對象。而從你自身的角度來看，你是在不斷進步的。只要你堅持由自己定義輸贏，不受身邊其他因素的影響，那麼，你遲早會成功。

不要讓別人的不仁，破壞你的內心秩序

一次我跟朋友大宏喝酒。聊到深處，大宏開始嘟囔起來，說自己是一個不太愛交際的人，工作了這麼多年，就只交了幾個朋友，可這幾個朋友還都是些借錢不還的人。

我迅速回想了一下，我是不是欠了這小子錢？他是不是在藉酒向我催債呢？大宏是個實在的人，沒什麼壞心眼，工作也從不偷雞摸狗，是一個值得信賴的同事。不過人際關係上，老實人大宏卻經常會陷入麻煩。用他自己的話來說，就叫遇人不淑。

實際上，認識大宏的人，都覺得與他相處隱隱會有一種壓力，因為他實在是一個好得不能再好的人。

比如，中午他替朋友叫了外送，如果對方一忙，忘記把外送費給他，他雖然心裡一直記著對方欠他的錢，但他一定不會提醒對方。當然，大多數同事還是能

在事後想起，將錢還給大宏。不過時間一長，還真有一位同事，急用錢時向他借了幾百元，事後忘得一乾二淨。

因為聽到大宏私下嘟囔過幾次，有人就問他為什麼不直接向對方要？大宏卻說：「為了這麼一點小錢，就直接向人家要，多不好意思啊。」

話雖如此，他自己卻總惦記著那些錢。為了安慰自己，他經常說：「誰叫我是個好人，不舒服就不舒服吧。」

有一次，他又在我面前嘮叨這件事，我就對他說：「既然這樣，你把那些該還你錢的人的名字告訴我，我去幫你要回來。」結果大宏馬上站起來，情緒激動的說：「你千萬不能這樣，我本來就沒幾個朋友，你這樣一鬧，我在全公司就成了孤家寡人啦。」

有人可能認為大宏太小氣，我卻不這麼想。大宏出身農村，平時生活很節儉，他從來不占別人一點便宜。他認為，既然不想被別人占便宜，就不要占別人便宜。

問題是他這樣的處理方式，最終的結果還是讓自己心裡不舒服。

其實在職場上，人際關係非常微妙。人與人之間的關係，往往就在方寸之間，要把握好人與人之間的邊界，並不是一件容易的事。

隨著互聯網時代的到來，傳統的熟人交際圈逐漸被淡化。很多人來到一座陌生的城市，每天過著單調的兩點一線生活，同事圈就是朋友圈。面對這種介於朋友和同事之間的關係，一旦發生矛盾，有的人會選擇隱忍。

某位自媒體人就遇過類似的事。她的一些前同事會想藉著之前共事的情誼，讓她幫忙免費寫軟文（按：相對於硬性廣告，由企業的市場籌劃人員或廣告公司的文案人員撰寫的文字廣告），她不勝其煩。後來，她根據她和前同事的真實經歷寫了一篇文章，雖然獲得了巨大閱讀量，同時卻也引發了巨大的社會爭議。

正所謂，有人的地方，就有江湖。現代職場的人際關係、職場心理環境變得越來越複雜，如何處理好職場人際關係，成了一個無處不在的難題。

職場上，總有人搶成果。有時候踏實、埋頭做事的人，拚不過早請示晚匯報的人；你犧牲了休息和睡眠做出的方案，被人拿去輕鬆轉成了ＰＰＴ，成績都成了他人的；還有那些讚美中包含的攻擊、微笑中夾帶的惡意，讓人苦不堪言，疲憊不堪。是不是他不仁，你就可以不義？

事實上，當許多人在想著別人的不仁義時，內心是不是也住著一個自己不好意思面對的人？而我想說的是，不要讓別人破壞你內心的秩序。一個成熟的人，絕對不會允許自己陷入以上困境。

我之所以主動提出幫大宏要錢，只是想告訴他：「要這筆錢，不是為了錢本身，而是為了維護自己內心的秩序。」

這種不好意思去要錢的人和那些遇事咄咄逼人、稍微出點問題就定義別人是「壞人」的人，從本質上來講，都是同一類人。他們的共同之處就在於，不敢把自己內心的真實秩序公開。

人與人相處，處處周到、盡量照顧到大家的感受，這當然沒什麼問題。但有個前提，那就是不違反我們內心的秩序。倘若**要在對人客氣顯得自己友好和維護自己的內心秩序之間做出選擇，我會毫不猶豫選擇內心秩序**。

內心秩序是我們生命中最重要也無比珍貴的東西。因為它的存在，才不會讓我們在這個複雜的世界裡迷失。

所以，為了維護內心的秩序，我們無須為了所謂的面子讓自己不舒服，也無須因他人讓我們尷尬，而將他人稱為壞人。

很多初入職場的新人，尤其是性格內向的人，在面對複雜的人際關係時，常常會顯得手足無措。其實，遇到這類情況，只需要掌握一些原則即可。

首先，你要明白，**表明自己的原則並不是件得罪人的事情。別人會因為了解你的原則，更加清楚如何與你保持關係**；相反的，如果你不向他人表明自己的原則，別人反而可能因為不知道你心裡到底在想什麼而疏遠你。

其次，要尊重多樣性。公司的同事們免不了性格迴異，每個人對人際關係的理解都不一樣，有的人覺得職場就是要玩「辦公室政治」（按：Workplace politics，是一種政治行為，出現於辦公室、學校及職場內的人事及利益的競爭）；有人則認為職場的成功要靠高情商。

事實上，無論是情商還是辦公室政治，都不過是「手段」，而非目的。人在職場上，處理人際關係的目的，就是要維護自己的內心秩序，為了維護自己內心的秩序、為了適應複雜的人際關係環境，我們需要學習，但不能邯鄲學步。因為任何學習，都要基於維護自己內心秩序的目的。

第三，不要對人進行道德評判。要知道，那些聽你對別人進行道德評判的人，心裡一定在想：「我是不是他口中的那種人呢？」

最後，有話直說是上班族一輩子的修行，我們要學會坦誠面對自己的內心，學會更加妥善的表達。

你的偏執彆扭，是因為缺少基本的職業規畫

婷婷年約三十五歲，大學畢業以後在瀋陽從事汽車行業相關的工作。她目前在寶馬（BMW）做辦公室工作，這份工作她已經做了七年之久，在所屬單位，她跟同事和主管的關係都處得一般。

最近，她認為自己到了發展的瓶頸期，壓力非常大、心情煩躁，總是發脾氣。於是她有了換工作的想法，想找一個輕鬆又自由的工作，比如兼職幫人接送孩子，同時順便照顧自己的孩子。但如此一來，待遇就會差很多。

後來，她向我們個人發展學會的職業規畫師徵求諮詢，想知道自己應該如何選擇。

其實，她做了七年的辦公室工作，這說明她的職業方向相對穩定，同時汽車行業也比較有發展空間。

從行業到公司，穩定性都極高，在這種情況下，她還覺得壓力大，通常是因為她自己沒有成長，趕不上行業和公司的發展速度。這樣，就不可避免的帶來身心上的焦慮，她開始煩躁、愛發脾氣，因為她對周圍的環境實在太熟悉，以至於她即便意識到自己與同事的關係一般，也不願意改善，甚至連與主管的關係都不願意經營。

種種跡象表明，婷婷的問題正是我們所說的職場上的老員工問題。

老員工問題通常是員工待在一個位置上，萬年不動，既不升也不降，漸漸就會開始混日子。陷入這種狀態以後，老員工內心會比較糾結，一方面怕自己被淘汰，另一方面又懶得改變現狀。

這就好比溫水煮青蛙。我們如果在一個崗位上待久了，想要再成長，需要很強的意志力。在心理學上，這種物理上努力、心智上逃避的情況，叫做陷入了心理舒適區。

就像我們知道健身有益，但是大多數人難以堅持，而且控制不了自己的食欲。因為吃東西能讓你感到舒適，但要熬過二十一天，重塑一個堅持健身的習慣卻不舒適。

要改變一個人的習慣確實很難。以我自己為例，之前公司離我家比較遠，那時我早上七點起床，九點到所屬部門，後來公司搬到了我家附近，我就八點四十分起床，還是九點多到，早起開始變成一件極其痛苦的事情。有時我甚至要設好幾個鬧鐘，從八點開始，每隔十分鐘響一次，到最後一刻我才起床。

晚睡也是如此。如果你本來習慣晚上一、兩點睡覺，卻突然要調整作息早睡，這個調整過程也非常痛苦。

你明知道晚睡對身體不好，想早點睡，可是卻做不到；你想早起，也知道早起對身體好也很有必要，但你還是做不到。這種糾結讓你陷入了消耗意志力的惡性循環。在工作單位上，你放任自己，認為自己和同事、主管的關係不需要維護，這也是需要意志力去改變的定向行為習慣。在工作當中，要養成一個習慣，就要突破自己的舒適區。

僱用員工時，我不傾向於僱用在某個行業中待太久的員工。比如招募知識付費節目的產品經理，一個工作了三、五年還沒有什麼大成就的人，遠不如一張白紙的新人。因為**改變一個工作多年的人的思維定勢**（按：指人們按習慣、比較固定的思路，考慮、分析問題）**實際上比培養新人的職業素養還要投入更多**。

婷婷很痛苦，某種程度上是因為她陷入了思維定勢，需要意志力克服，只有痛定思痛，才能跳出來。

她說自己遇到了職業瓶頸，於是想換工作，多了另外一種想法：做兼職順便照顧孩子，但是又糾結於做了這個選擇之後，收入和待遇會少很多。

當她難以做選擇的時候，其實她的內心已經給出答案：她不願意面對收入更低的生活。這種看上去是選擇層面的糾結，其實是對現有問題的迴避，是一種矛盾與焦點的轉移。

人生有不同的活法，你也可以選擇不用於職場中拚命爭取，而是回歸家庭，做一個家庭主婦，這也是一種生活方式。但當妳選擇這種方式之後，妳要真的發自內心享受，就完全不會偏執彆扭了。

我姐比我大三歲，在老家做公務員，她的大女兒十四歲，小女兒兩歲。她認為自己過得很幸福，沒有什麼大風大浪。而我呢，朝著追尋的方向，義無反顧堅持到底，不斷為自己增加挑戰，一路打怪升級，我對自己的人生狀態也很滿意。兩種人生、兩種狀態都沒有對錯。哪怕我和我姐時常羨慕彼此，但本質上卻不會真的選擇另外一個人的生活。

所以，我建議婷婷捫心自問，帶孩子做兼職的這種工作方式是否能彌補她的遺憾？她能否發自內心感到開心、快樂？

其實，我們很多人都缺少一堂基本的職業規畫課，缺乏對職業的深度認知。這位諮詢者的問題恰恰說明她對工作與職業、興趣與愛好、個人發展規畫等完全沒有意識，更談不上深度認知。最後我建議她，想要在職業當中有所突破，需要鍛鍊個人意志力，主動和同事、主管搞好關係，重新設立自己的職業目標。

真正的穩定，其實一直在變

有個女孩子說，自己上學時沒有想太多，那時沒被當就已經滿足，自己的目標是進入社會後找一份穩定的工作、能養活自己、找個條件差不多的人結婚，過著差不多的生活。但是隨著自己的成長，經歷過一些事後，她突然對自己的未來發展感到恐懼，她認為，社會根本沒有穩定可言。

為什麼這位朋友的內心會有如此大的落差感呢？因為在市場化環境中，行業趨勢和公司發展不可能永遠不變，所以，你不可能去追求一份穩定的工作，而是要追求終身成長和養成成長性思維的習慣。

在一個穩定的崗位上，業績不變，職位也不升遷，但是配合你的同事以及其他部門的人業績卻在增長，這就會對你形成一種無形的壓力。

如果你是一個主管，你的下屬要成長，你在這個位置坐著八百年不動，那麼你的下屬要怎麼往上升遷呢？

從主管的角度來說，公司要發展，他要追求更高的業績，你的穩定就會阻礙公司的成長。在這種情況下，你待得越久，就越容易讓自己成為公司發展的瓶頸。所以我們要知道，沒有一成不變的穩定。

社會發展日新月異，我們學到的知識每三到五年就會更新一次。三、五年之後你會發現，自己之前學到的東西都過時了，要重新學習。

近二十年來互聯網的發展，讓我們的生活也發生了翻天覆地的變化。社會在變，市場在變，連政府都要趕上社會的發展，變革公務員的選拔體系，所以，公司的發展難道就會不追求成長性嗎？既然公司要追求成長性，我們就不可能一成不變，就需要擁有終身學習和終身成長的意識。

當我們追求所謂的穩定時，其實是追求一種幻覺和妄念。很多人在職業生涯中遇到的瓶頸和痛苦，就是因為這種認知影響了他們的發展，讓他們的自我定位產生了偏移。

你認為可以一成不變，本質是你把自己的眼睛閉上了，外部世界明明有競爭和挑戰，你卻偏偏無視，當你睜開眼睛的時候，發現世界已經變了。

我問你一個問題，你是否關注和分析過中國的宏觀經濟形勢？你是否知道中國和美國為什麼會有貿易戰呢？

其實在過去，中國和美國的發展模式是互補的，美國出口一些所謂的高端產品，在中國做原材料加工，比如美國人賣iPhone，中國就有富士康來做代加工，這種合作關係是優勢互補。但在這個過程中，隨著中國的發展壯大，中國開始和美國競爭，關係也不再只是互補了。

如今，中國的小米和華為這樣的公司需要成長，就必須瓜分iPhone的市場，和iPhone競爭，和美國在全世界的範圍內競爭，這就直接導致了中美貿易戰。中國和美國的關係，從互補變成了中國和美國在世界舞臺上同臺競技。在這樣的經濟形勢下，中國能夠逃避和無視這種挑戰嗎？

連國家都不能迴避成長與挑戰，必須直接面對這種經濟競爭。如果美國在發展，而我們安於現狀，就會走上落後挨打的老路。

所以，我們的個人發展更是如此。如果你迴避，就意味著你就要保持現狀，停滯不前，然後被別人超越。我們一定要認知到，世界上沒有穩定的工作，沒有所謂的穩定和安逸，我們必須直接面對一切競爭。

有一次我和團隊的成員開會時，他們問了我一個問題：「人為什麼會追求安逸、穩定的生活呢？為什麼很多人會對不安定或者變化感到恐懼呢？」

我這樣回答：「很多職業生涯發展問題是怎麼來的？就是因為我們一開始就憧憬穩定安逸的生活狀態，最後使得我們害怕改變。尋求穩定，最終卻迫使我們不得不面對改變。如果我們一開始不懼挑戰，把挑戰當作人生的常態，把終身學習當作社會人士應有的一種姿態，那又怎麼會有你突破不了的現狀和改變不了的瓶頸呢？要知道，我們幾千年的人類發展歷史，一直向前不斷革故鼎新，滿足人們更高級的需求。」

如今，互聯網的發展使得人與人之間的連結更加緊密，也使得所有人在同層面的競爭增多，我們只能迎頭趕上，直接面對困難。多數人的幸福感都來自比較，很多人都希望自己比別人過得更好，這種比較就是社會發展的源動力。你希望比別人更好，所以你就要更努力一點，這就促使我們不斷競爭。

嚴格來說，吃飽穿暖這件事情在社會發展的現階段已經基本解決了，但是你能夠忍受不用智慧手機的生活嗎？你能忍受沒有互聯網的生活嗎？顯然我們都不能忍受，因為我們都是社會人士。

第二章

職場就該爭，自己和自己爭

有個學員在飯店做人力管理工作，現任人事經理，但她其實只想做一份壓力不大、簡單的工作，找個愛自己的人，平淡過一生。她問我們個人發展學會的職涯發展師，她應該選一份自己喜歡的工作，還是繼續做人力資源的工作？

這位學員認為職涯規畫沒那麼重要，因為她只想做一份簡單的工作而已，並沒有太高的要求。但是，職涯規畫真的不重要嗎？一份工作再怎麼穩定，再怎麼追求簡單，一天也要占據八小時。即使想要工作簡單一些，也涉及規畫和定位的問題。所以，不趁早認識到職涯規畫的重要性，迴避職涯規畫系統所認知關於職業的問題，繞了一大圈之後，你終究還是會遇到這個坎。

自由是規畫出來的，簡單的工作也要從長計畫

職涯規畫等同於每個人的人生戰略規畫，哪怕你不想工作，這輩子只想休息，你也得考慮如何規畫出輕鬆愜意且有充足保障的生活。很多人認為，我不工作，所以我就不需要職涯規畫，這個想法其實是欠妥的。經濟基礎決定上層建

築，通往自由的人生一向都是規畫出來的。

當然，所謂的自由也有三個維度，包括時間自由、經濟自由，還有精神自由。工作的本質是為了創造價值，這是作為社會人士，透過創造社會價值來實現自由的必經之路。某職涯發展師主講的職業菁英研修班中提過，職涯的發展分為四個維度：能力提升、物質回報、生活平衡和自我實現。

如果你問我，到底該不該去做一份自己喜歡的工作？我想這個問題的回答，當然是你應該去做喜歡的工作。可這世界上沒有絕對的喜歡或者不喜歡，你找對象、喜歡一個人，也要包容他的缺點，對吧？**任何工作中都有你不得不面對的東西，當你還在尋找一份喜歡的工作時，你不過是在幻想那種感覺。**

這位學員在人力工作中，一開始就是抱持應付心態，所以很難發現工作的價值感，下次就算她找到一份喜歡的工作，工作久了還是會有各種不滿，還是會考慮放棄。平淡穩定、沒有煩惱的工作真的存在嗎？記者白岩松出過一本書叫《痛並快樂著》，書中提到，沒有疼痛的快樂，你也很難感受到有多快樂。**工作上，**你肯定**會面臨逐漸對工作不感興趣的問題**，所以**與其尋找自己喜歡的工作，不如**

先感受一下工作裡有什麼讓自己快樂的價值。個人發展學會有個價值觀，叫做「意義感」，善於發現每件事情背後的價值和意義感，就是發現更多的快樂和可能。所以我也建議這位學員回過頭來重新梳理一下對職業的認知，好好思考一下：「人間不值得，什麼值得？」

我剛畢業時就想做房地產，但因為我大學學的是編輯出版，所以不得不找能應用專業的實習工作。可是，我不想進入在當時環境下略顯古板的（中國）國有出版社，所以就去了民營出版公司。

當時的主管看我總惦記著房地產工作，就對我說了一番話，如當頭棒喝。他說：「你不要認為自己是真的喜歡房地產行業，我告訴你，**無論做什麼工作，只要做出價值感，你就會開始喜歡它。**」

就算做房地產，一個月賣不出去一棟房子，你還會喜歡這份工作嗎？所以，工作的本質還是你對價值感的追求。做什麼工作沒有區別，那不過是一時的喜好，你只是選擇了不同的起點開始而已，最終都會殊途同歸。

這位學員如果把人力工作做到極致，還可以做其他工作，她的技能和能力還可以用在其他地方。所以，不要糾結一開始要做什麼，如果做了六年還在糾結這個問題，那就說明這六年時間真被輕易的荒廢了。時間就是金錢，一個人最黃金的時間也就一、二十年，職涯規畫，是一件和時間賽跑的事情。

我輟過學、當過民工，從頭再來的時候，我每做一件事情，都會確定一個目標。比如我以前賣保險，我就想未來成為一名金牌銷售員；我做房地產，就想成為一名房地產大亨；我做圖書編輯，就想成為一個知名出版人；我做知識付費、做教育培訓，就希望能夠幫助更多年輕人成長。

最後，我給了這位學員一個建議：「讓自己養成一個好習慣，做每一件事情都賦予其一個價值感。」

感到焦慮和迷茫，就寫工作週報

許多人常常有這種感覺，時間一天一天過去，只有年齡增長，沒有實際長進，看到周圍人比自己優秀，就開始感到焦慮和迷茫。

其實這個問題，根源在於你缺乏目標掌控感，也看不到自己的成長軌跡。所以你要學會管理自己的目標，養成記錄自己成長的好習慣。養成這種好習慣，最簡單的開始就是寫工作週報。

一份好的週報該怎麼寫呢？首先要把當週的目標，用可量化的數字呈現。比如公眾帳號漲了多少粉絲、產品賣了多少份、製作的節目有多少人收聽等。這個可量化的目標數字是最核心的指標，最能反映你在這份工作中創造了多少價值。

目標不要散，每週為自己定不超過兩個核心目標，然後圍繞自己的核心指標去寫週報。寫週報時，主要有四點內容：第一點是目標；第二點是為了完成這個目標，需要採取哪些最關鍵的步驟；第三點是為了完成這個目標，有哪些問題需要去解決；第四點是上週的目標完成情況及復盤（按：是圍棋的專業用語，代表下完棋後，要重新檢視一遍每一步的布局，掌握這一次失敗或成功的核心，並且成為下一盤棋獲勝的關鍵）。

我用這個模板讓很多同事寫週報，也是希望透過這樣的形式去培養所有同事的職業性。在講職業性之前，我先詳細說明寫週報四大要點的邏輯。

首先，目標必須是切實可實現的，你至少能夠完成這個目標的八〇%。所有宏大的目標都需要拆解為週目標去完成。你說自己想一年實現某個宏大目標時，千萬不要騙自己，如果你不能夠把這個目標倒推到以週為單位執行，其實這個目標很可能是實現不了的。記住，人們很容易高估自己較短時間之內取得的成就，而低估自己堅持更長時間創造的可能。所以週目標是要可量化、可分解的，每一個相對可量化的小目標都是你實現月度目標、季度目標甚至年度目標的根本。

制訂週目標時，一定要給自己訂一個較為靠譜的保守目標，盡全力去做，至少要有八〇%的把握能夠完成。透過這樣的方式管理自己的目標，能夠讓自己的目標越來越準確。當然，如果你認為一個更為理想的目標也有可能完成，那就定兩個目標，一個基礎目標和一個理想目標；或者一個保底目標和一個期待目標。

保底目標一定要有一〇〇%完成的可能，最多不超過二〇%的偏差，哪怕這個目標離別人對你的期待或主管對你的期待相差較遠，但這個數字不是用來騙自己的，是給自己看的，這很重要。

除了制定目標之外，你一定要明確知道為了完成這個目標，有哪些最關鍵的動作？有哪些最核心的問題？這些問題該怎麼解決？上週目標完成得怎麼樣？每週都做回顧，釐清理想目標和基礎目標之間的關係為何？業績超出預期，還是沒有超出預期？如果沒有超出預期，原因是什麼？超出了預期，原因又是什麼？從這週的工作中你獲得了哪些啟發？

看起來，這只是一個週報，但實際上，它是對每個人每週行動和每週工作的梳理、對過去一週的總結和對未來的展望。當你能夠確實做到每一週的行動目標時，你就會成為一個越來越靠譜的人，對自己的能力的認知也會越來越清晰。

大家不妨做一個試驗，你堅持寫週報五十二週，剛好堅持一年的時間。到第五十二週你可以回頭看第一週的週報，這時，你就能看出目標的區別，看出你設定的目標難度是否比以前提高更多。而這其實就意味著你的能力提升和成長，這些週報就是你的成長軌跡。

週報不是給主管看的，最重要的是給你自己看。我也推薦我的很多朋友用這種方式去試一試，我相信，運用這種方法，只要一年，你的工作產能一定會提高很多。

我見過很多茫然的員工，他們永遠不知道自己的核心能力是什麼。有的工作崗位確實涉及很多事情，但你也應當透過不斷定義自己的核心目標來梳理出主次。從更長的時間跨度中回顧自己，能讓你更準確的診斷自我能力。

六招練就溝通力，正確理解別人又清晰表達自己

溝通的本質是什麼？在我看來，就是正確理解別人的意思，然後清晰表達自己的意思，在此基礎上尋求達成共識與問題解決方案。

這樣看似簡單的問題，很多人卻做不到，他們不會做、或不願做，或不能做。很多時候，我們總是糾結於事情本身的對錯，而不是以結果為導向，把如何解決問題當作目標。這是一種典型的職場新人思維。

因此，當我們學著將重心從我或他人，轉移到事情上的時候，就會對利弊產生不同的態度。這才是職場人士應有的職場思維。人在職場，離不開溝通。那麼，如何練就自己的職場溝通力呢？

一、讓對方而非自己成為談話的中心。

溝通的核心在於與對方達成共識，站在對方的立場與出發點上，思考對方與你存在差異的原因，才能有效解決問題。這就要求我們在和同事溝通時，專注於別人說話的內容，而不是自己如何回答。

絕大多數人在與人溝通時，都樂於談論自己，而這樣做的後果往往會讓溝通無效。因此，我們可以為自己做出如下溝通設定：溝通是為了解決問題，而非闡述自己的無奈。

所以，一個較為有用的溝通技巧就是談論對方，而非你自己。當然，除非對方主動提出，你千萬不要哪壺不開提哪壺，主動提及他負面的經歷。倘若你無意中提到了，就要注意對方的反應。如果對方反應冷淡，表明對方對這個話題不感興趣，你就應該換一個話題。

二、堅持原則，守住邊界。

雖然以對方為中心，但你也要堅持原則。要先明確以下幾點：我做這件事情的意義是什麼？我能接受的底線是什麼？如此一來，你才能確保自己做的事情是對的。

溝通過程中，也要注意堅持原則的方式。要知道，我們除了要做對的事，還要考慮如何將事情做對。

現實生活中，我們會發現，那些原則性不強的人，在做事過程中常會淪為濫好人；原則性太強的人，在做事過程中過於在意原則，不會換位思考，總會忽略他人的感受。

比如在一個公司裡，一些法務和財務人員總是不討人喜歡，這大多是因為他們為了堅守原則而忽略了堅守原則的方式，因而給人冷酷死板的感覺，自然招人討厭。

三、放下表面的立場。

絕大多數人一旦與人溝通，就會不由自主的選擇一個具體的立場。殊不知，這種表面而具體的立場會令我們變得無法與人溝通。

這是因為，如果你給自己設定了立場，你就會發現，你已經處在公正的對立面，由此導致混亂而無法將事情講清楚。

因此，如果不想陷入立場之爭，我們就有必要時刻提醒自己：**溝通不是為了宣泄情緒和表達立場，而是為了尋找解決問題的途徑與方法**。我們要堅持一個基本的溝通原則：尊重事實，盡可能只說事實，避免被情緒所左右。

當一個人能學會在溝通中尊重事實、就事論事，追求解決問題的目標時，他幾乎很難被誘惑、激怒和利用。

四、確保雙方真正理解彼此的意思。

半數以上的溝通，都是在沒能理解對方意思情況下的無效溝通。看似在討論同一件事情，實際上雙方表達的意思卻是南轅北轍；看似在進行激烈的爭論，其實兩個人的理解根本不在同一個維度上；各持己見的兩人都試圖說服對方，到最後才發現他們的意見其實是一致的。所以，在溝通的過程中，你可以用總結概括或者複述的形式，反覆向對方確認，你是否理解了對方的意思，交流處於雙方彼此理解的前提之下。

五、尋求共有應答。

什麼是完美的溝通？好的溝通是否存在一定的標準？美國心理學家羅伯特・

史坦伯格（Robert Jeffrey Sternberg）完美的給出了答案——「共有應答」。

什麼是共有應答？舉個例子，一對彼此愛慕的男女在河邊散步，女生無意間哼唱起一首歌，男生露出微笑，也跟著哼唱了幾句。他們相視而笑，然後接著哼唱，彼此都感到愜意，並意識到對方都很享受這種互動。

這一情景極其形象化的描寫出了共有應答的狀態。也就是說人與人相處的時候，雙方在關係中感到安全、可靠和輕鬆的狀態就是共有應答。它是溝通的終極目標。

好朋友之間為什麼可以溝通順暢、融洽？原因就在於雙方已經提前設定了共有應答，所以溝通起來極為放鬆。

人際溝通中，要和對方實現共有應答，就要懂對方的想法，站在對方的角度去看問題，嘗試愛上對方所喜歡的東西。

這也就是同理心，即把自己當別人，把別人當自己；把自己當自己，把別人當別人。這個能力非常重要，以至於有些學者認為同理心是最重要的溝通能力。

所以，只有擁有同理心，你們之間才能產生情感共鳴，實現共有應答。

六、正確提出批評和反對意見。

在人際交往中，很多時候，矛盾和衝突往往來自不恰當的批評，即很多人不知道如何理性的提出意見。那麼，如何得體的向同事提意見呢？最佳方式是三明治法，即採用肯定、建議、再肯定的方式。從我本人的使用效果來看，這是在不了解對方的情況下最穩妥的方法。

人們很少意識到，自己工作中的大多數問題都和溝通有關。相信在未來的職場上，能駕輕就熟、長袖善舞之人，必定是對基本人性和客觀世界充滿洞見之人。因為他們練就了高超的溝通能力，從而讓同事關係向著良性方向發展，獲得工作的正確導向。

職場就該爭，自己和自己爭

很多前輩會教我們用平常心看待一切。何謂平常心？是遭到周遭人誤解時，能保持平心靜氣，不與人爭吵，還是被人百般刁難時還隱忍？其實都不是。

在現在的職場上，多數人認定的平常心，就是那些混日子的老油條所信奉的老莊哲學。在他們看來，平常心即一顆「不爭心」，就是人在職場，要學會讓自己顯得平常一些，要懂得收斂自己的鋒芒，在遇到委屈的時候要大度。因為在他們看來，如果爭強好勝，往往會過得不快樂。

這些鬼話千萬不要信。相聲演員郭德綱曾說：「我挺厭惡那種不明白任何情況就勸你大度的人，這種人你要離他遠一點。因為雷劈的時候他會連累到你！」這話實在是話糙理不糙（按：話說的很平常不加修飾，甚至不太文明，但道理很正確）。

何謂不明白任何情況就勸你大度的人呢？在我們的日常工作中，主要指以下三種老油條：

第一種人本身就是利益相關者，害怕因為你的競爭而觸及他們的利益。他們的這種心理，就是心理學上的酸葡萄心理。

第二種人從某種意義上來說就是和事佬。這種人不明事理，壓根不清楚你經歷了什麼，而是出於平息事態的目的，打著「為你好的幌子」，希望你能夠把情緒放下。

第三種人是那些根本不清楚何謂真正的平常心，更不清楚爭與不爭之間有何區別的人。他們之所以主張不爭，源於他們不曾見識到人生的精彩。

一個富翁到海邊度假，看見一個垂釣的漁夫。漁夫說：「你累死累活，最後的結果不就是可以像我一樣到海邊度假，晒晒太陽、釣釣魚，享受生活嗎？我什麼都不用做就享受著和你相同的待遇，我和你之間，沒有區別。」

富翁笑答：「表面上看來，我的確和你沒什麼不同，不過我現在隨時可以租一艘遊艇，把那些社會名媛全部邀請過來，開一個派對。我不想到海邊玩了，又可以隨時飛到塞席爾群島或者其他地方去。可你卻沒得選，只能一直待在海邊。這就是咱們之間的區別。」

你看，富翁不僅錢比漁翁多，見識也比漁翁多得多。因此，**你要小心並遠離那些勸你保持平常心、不去爭的老油條。**

那麼人是不是應該保持平常心呢？沒錯，是要保持平常心。不過此平常心非彼平常心。聰明人要保持的平常心，就是把在痛苦和壓力中獲取進步當作平常的事情。

某家公司新招了一名新員工。此人看起來土裡土氣，人也比較木訥，不過做事很實在，安排給他的工作他都能確實完成。於是同事們經常將一些自己不願意做的事交給他，他也來者不拒。久而久之，眾人在背後都說他傻，不懂得為自己爭取利益。當然，老闆也發現他勤快、好用，就讓他幫忙做很多事情，他也不介意，甚至經常為了別人的工作加班到深夜。

再後來老闆要開分公司，直接提拔了那位新員工。一些老員工紛紛表示不服，老闆給出的答案是：「他不怕吃虧，公司需要的就是這樣的人。」

或許有人開始說：「你看，這個人就是因為保持平常心，不計較得失，不去和同事爭奪利益，所以才得到晉升。我們就是要這樣才能進步。」這真的是以偏概全。

細細分析，這個員工真的是傻，不懂爭取嗎？如果你這樣想，傻的就是你了。事實上，此人深諳平常心的真正內涵。他清楚自己多做的每一件事情，均在為自己未來的成功鋪路，或許短期內會比別人辛苦，不過從長期來看，對自己而言卻是一件好事。

這就是聰明人的平常心，也是聰明人的爭法。

正所謂物競天擇，適者生存，世界的本質本身就是競爭。猩猩和人類的基因僅差一%，可就是這一%的區別，決定了兩個完全不同的物種。瓦特沒有發明蒸汽機，只是改良了蒸汽機，可就是因改良後的蒸汽機，對人類進入工業時代功不可沒。正是這些差之毫釐的事情，決定了兩者之間的天壤之別。如果我們放鬆自己，不去爭這毫釐之間，我們就永遠無法到達真正想要的狀態。

聰明人正是明白這一道理，於是不斷自我精進，從來不放鬆對自己的要求。但是你要和一切人、一切事去爭嗎？來看看隨便爭搶的後果吧：

中國武昌火車站旁的麵店曾發生一起砍人事件，其根源是炸醬麵店老闆要多收客人一元而客人不肯，價錢談不妥。最終的結果就是客人將老闆活生生砍死還砍下其頭顱。所以，不必為一些無聊的小事和一些無知之人相爭。那麼我們到底應該如何去爭？

日本的小野二郎被譽為壽司之神，他做的壽司聲名遠播。為了保證食材的鮮美，這位老人一直到七十歲心臟病發作之前，都親自騎自行車去市場進貨；為了使章魚口感柔軟，不像其他壽司店裡的吃起來像橡膠，在製作過程中，他按摩章魚至少四十分鐘；米飯的溫度在等同於人體溫度時彈性最好，他就用蒲扇給米飯搧風降溫……。

小野二郎曾說：「我一直重複同樣的事情以求精進，我總是嚮往能夠有所進步，我會繼續向上，努力達到顛峰，但沒有人知道顛峰在哪裡。」

這句話道出了他獲得了世人的尊重和敬仰，贏得精彩人生的原因，那就是他不斷超越自己、死磕（按：不達到目的、不分出勝負不罷休）自己的精神。這是真正的爭。

所以，成功者並非不爭，只不過，他們不是和別人爭，而是和自己爭。在追求實現人生價值的路上，有的人錙銖必較、睚眥必報，視所有的同行者為敵人，但凡觸及自己的利益，一戳就跳，不爭贏誓不罷休，甚至有時不惜傷人傷己。

如同小野二郎的人則不然。他們視對手如自己，以平常心全心投入事業之中，不斷死磕自己，自己與自己爭，於競爭中不斷進步。他們雖然爭的是方寸之間，卻在這個不斷探索的過程中默默甩開眾多對手，最終見到廣闊的天地，實現了自身的價值。

我們應該將目光聚焦到自己身上，而非他人身上，不必亦步亦趨抑或步步緊逼對手，而是和自己競爭，讓今天的自己和昨天的自己爭，以求不斷獲得進步的動力。

聰明的人，總能在向優秀的前輩學習的同時，勇於爭得每一天的進步，用平常心看待痛苦與壓力，不斷挑戰自己的職業邊界，最終實現自己人生的精彩。

先當好兵，才能成為好將軍

有個美妝直播主工作十分努力，但是收入不高，許多朋友就勸她：「妳做這個收入又不高，還那麼辛苦，幹嘛不換一個？或者去找個工作上班呢？」朋友也為她提供了較好的工作機會，但是她說自己不去上班是要保持這種創業的狀態。淘寶直播上一些女主播一年能做到幾十億元收入，她要朝著她們的方向努力，認為自己只要堅持，就一定能成功。

但是，她堅持了很長一段時間後，直播仍然沒有絲毫起色。直到好朋友來北京找她，提醒她說：「明年經濟形勢可能不好，妳要考慮一下，淘寶直播也許會越來越難做。」

好朋友這樣說，她才開始審視自己的堅持是否正確。也正是在這個時候，她找到了我。

她承認自己是一個特別固執的人，也表示自己非常努力。但我能明顯感覺到她的語氣已經沒那麼堅定：「我就是要讓自己保持一種創業的狀態。我覺得上班心裡一定舒服很多，但我就是要讓自己心裡不舒服，而且我相信美妝這個方向一定OK。」

我告訴她：「首先我認同美妝的前景非常廣闊，但妳的朋友們說得也沒錯。從經濟形勢來看，淘寶直播明年可能前景不會很好。方向對了，妳也要看階段，策略上保持堅定，但戰術上，要有一定的靈活性。經濟形勢不好，大家就不願意花錢買太貴的東西，觀察消費趨勢，妳會發現用戶越來越講究高性價比。如果堅持做直播主，妳可以考慮調整一下定位，也許就不會受到太大的衝擊。比如，妳可以嘗試在淘寶上，為大家提供一些既經濟又實用的美妝用品。」

我的回答讓她獲得了一些寬慰。她說：「好像很對，我以前從來沒考慮過這個問題。」

她認為我的話有道理，恰恰說明她過去只想到「美妝」這個方向有空間，卻沒有真正考慮過做事的策略，更沒有意識到一個職業化的公司鍛鍊，對自己的職業生涯有什麼意義。

我想告訴大家，千萬不要認為做員工就一定比創業更輕鬆。我對這位朋友說：「如果創業之前，妳經歷過職業化的工作磨練，可以讓妳更加分清職業邊界。一個典型的例子是，毫無職業經驗的創業者，容易把工作和生活關係攪和在一起。如果妳有過一些成熟的職業經歷，就會把兩者平衡得更好。上班過程中你可以學到很多東西，一旦走上創業這條路，就很難有機會去學了。創業從什麼時候開始都不晚。如果妳確定了某個方向，從戰術角度講，妳需要評估開始的時機是否合適。」

職業生涯還可以為我們帶來什麼？除了更好理清人與人之間的邊界，還能讓我們學會管理，清楚如何確立商業模式，以及公司的價值觀和建設流程制度的意義。如果真要創業，最後仍然要面對這些問題，可你若沒有任何職業經歷，只能臨陣磨槍。

我有個朋友家裡是開照相館的，她希望未來有一天能開一家自己的照相館，畢業之後，她在中國一家不錯的連鎖照相館學習，但她創業的心同樣堅定。向高手學習之後，再走向創業的道路，成功率會大大提高。我們個人發展學會職業菁英研修班的總教官少毅也經常告訴學員：「慢就是穩，穩就是快。」

先當好一名士兵，你才更可能成為一名將軍，打好基礎、潛心沉澱、等待時機，大多創業者都是十年磨一劍後才鋒芒畢露。

第三章

人生哪有來不及，不過是你太著急

小李發現小張最近心情不好，便主動關心她，小張卻沒好氣的說：「我心情不好，沒事別搭理我。」

小李好奇的問：「這是怎麼了呀，有什麼不開心的事情說出來嘛。」

小張無精打采的說：「上個月主管要我做一個項目，他的方向根本不對，但我還是硬著頭皮做了，配合的同事也不給力，一個勁的拖著，一個月過去了，什麼進展都沒有，我都快煩死了。」

小李一聽，不由得嘆氣說：「這我可就要批評妳了，妳應該一開始就把自己的想法和主管說清楚，和同事配合時更應該多做溝通，迴避可能的問題才對。現在妳在這裡生悶氣有什麼用，只是浪費時間。」

人情和工作分開，讓自己免陷情緒內耗

小張遇到的這種情況，相信我們不少人都曾遇到過：主管安排你去做一件事情的時候，你可能並不認同主管的安排和做法，但因為是主管安排的，所以即使

自己心裡有情緒，還是會去執行。

日積月累下來，你認為自己已經對主管足夠包容，但是主管卻一點都不理解你。結果，你的情緒便成了抱怨，形成惡性循環。

這種情況非常普遍，事情的本質並非是你包容主管那麼簡單，實際上它反射的是一個員工對「職業性」的認知問題，一個工作態度的問題。當主管把一件事情安排給你的時候，你可能忘記了事情的邊界，錯將人情和問題混為一談，在應有的職業態度和人情世故之間畫上了等號。

雖然你按照主管的方式做了，可是在執行過程中，由於心裡積壓了一堆情緒，於是你不斷把自己的聚焦點放在主管的不妥當與不合理之上，希望透過自以為的事實來證明主管是錯的，以此寬慰自己的無辜與無奈。

但你卻忘了積極提出問題，於是當主管對你的工作表示不滿意時，你理所當然的認為自己已經包容了主管，可主管卻沒有理由去領你的這個情。

這種情況導致的後果就是，**太多人在工作中陷入了情緒內耗**。那麼，這一問題的本質是什麼呢？**是沒有把人情和工作分開**。

面對這種問題，首先，我們要明確與主管的關係是主管與被主管的關係。在此過程中，主管是決策者，你是執行者，在主管發出決策指令的時候，如果你不認同，就應該想辦法提出自己的建議，從批判走向建設，而不是迴避建設，只是在自我的內心批判。

其次，你要清楚，**作為一個執行者**，當你**對主管的做法感到不理解、不認同時，你有義務提示主管風險，說出自己的疑問，表達自己的立場**。這是作為執行者的第一要務。而能以妥帖的方式提出問題，本身就是一種職業化的表現。

在執行的過程中，主管的決策有時候是對的，有時候是錯的，其實對錯都沒有什麼問題，因為你在一開始就完成了自己應盡的責任和義務，執行過程中就不應該帶有太多不情願的成分，而是要踏實做事，以積極的態度，嚴格執行，這是執行者職業性的重要表現。

你要清楚，主管不是神，他也有可能犯錯，但他同時具有自我修復的能力，而事前提示風險、事後給出建議是你不可推卸的責任。

第三，聰明的員工想的永遠是解決問題，遠離壞情緒就是遠離不必要的自我消耗。你不能夠把一件本身是執行的事情，上升到自己是在包容主管的層面上。你認為自己是在包容主管，但實際上是你的執行態度出了問題。

而執行過程中一旦出現了情緒問題，就極易被其他人感知，進而被放大，最終不但影響到執行的結果，而且會無形中在組織裡傳遞一種負面能量。

好的員工做任何事情都有積極的態度，在自己的職責範圍內，盡到自己應盡的義務。面對分歧時，勇於提出自己對這件事情的看法，確認之後，無條件的去執行，並且在組織當中傳遞高效執行的作風、擴散正面能量。此外，這些問題也會出現在同事關係之間。

我們經常感到自己身邊的同事不給力，比如你安排一件事情，已經告訴同事何時交付你。尤其是跨部門協作的同事，似乎總是不能按時完成，這種情況讓你很頭疼，難免會與對方發生衝突。這時你需要思考，為什麼會出現這種衝突？

事實上，職場衝突的本質，多數是因為你把對方想像成了一個壞人，認為對方在刻意刁難你：你已經把這件事情做了有罪推論。心理學上有一個「證實容易，證偽難」的觀點，意即你已經認定對方不守時，刁難你，那麼你就可以為自己找到很多線索來證明自己的觀點，進而越看越覺得對方是在針對你。在工作當中，你已經把別人想得太壞了，那自然就是越想越壞。但是換一個角度，你把對方想像成一個好人，他就越看越像個好人。

所以我們經常在說，要把人想得好一些，才能更積極推動事情的解決，推動組織的正向發展，這就是員工必須具備的「推動力」。

衝突在任何時候一定都會存在，它往往是暴露問題和解決過往所忽略問題的契機。人都有犯錯的時候。對方沒有按約定的時間交付任務，也許是事情背後存在著難以克服的原因。存在即合理，聰明人往往習慣於把問題的出現當作是解決問題的契機。比如流程是否有漏洞、溝通方式是否有問題，排除所有可能性，才可能真的是對方的問題。

當然，即便對方對你的態度確實有問題，你也要先思考為什麼對方對你會有態度問題？怎樣才能減少對方對你的成見？這就是向內探尋。最後，願每一個你我都能遠離壞情緒，從批判走向建設，別讓自我內耗偷走了你的時間和精力。

看破不說破，是一種修養

何為高情商？心理學認為，高情商就是一個人具有較高的EQ值，在現實中能尊重所有人的人權和人格尊重，不將自己的價值觀強加於他人，對自己有清楚的認知，能承受壓力，自信而不自滿。一般人則認為，高情商就是指一個人會察言觀色，八面玲瓏，圓滑世故，能做到讓大家都體面，不讓別人感到尷尬。

在這裡，我講一個與情商有關的故事。一個員工把公司的玻璃門撞碎了，老闆恰好經過，聽到員工慘叫一聲，於是出現了下面的對話：

老闆：「哎呀，小麗，怎麼了？受傷了嗎？」

員工：「沒事，就是胳膊流血了。」

老闆：「我打電話叫救護車，趕緊去醫院。」

員工：「哦，老闆真對不起，剛才真的沒看見那塊玻璃。」

老闆：「哎呀，沒事，沒事，妳也不是故意的。張總，趕緊幫小麗簡單包紮一下。」

小張：「好的！老闆，我來吧！」

接下來，老闆轉過身去，發了條訊息給剛才這位負責人力資源的張總：「維修玻璃的費用，不能公司報銷啊，要她賠，你把這件事處理好。」

這可難倒張總了，他都快想破腦袋了，最後想了一個奇招。到了醫院，張總對受傷的小麗說：「哎，小麗，妳和老闆是不是有親戚關係啊？」

小麗：「啊？」

張總：「妳看剛才，老闆對妳噓寒問暖，而且還特地交代我，只要妳賠一塊最便宜的玻璃就行了。」

看到這裡，你的第一反應肯定是，這個老闆也太腹黑了，爛攤子讓別人來收拾，壞人都讓別人當，好人都讓他做了。

相信許多人都曾有過類似的經歷：主管為了維護場面，答應了客戶某個不合理的要求，最後要你去拒絕客戶，這種事交給誰，誰都不願意做。

但故事中的張總，就完美處理了這種讓人進退兩難的事。經過他的處理，老闆和員工都覺得體面，雙方都感到舒服自在。

那麼，我們在以後的生活中，是否要一味的讓別人感到舒服呢？答案當然是否定的。對低情商的人來說，他們寧願讓別人不舒服，也不會委屈自己；而高情商的人，他們既能夠讓別人舒服，也不會委屈自己。不過，不惜犧牲自己的利益和原則，一味的讓別人舒服自在，很容易成為討好型人格，會活得太累。

其實真正高情商的人並非圓滑世故的人，他們從來不是為了獲得利益而左右逢源，也不是為了在行走情場、職場、官場時滴水不漏，而是在他們的眼裡、心理時時刻刻裝著他人，把事情考慮得很周到，讓所有人都體面。

所以說，真誠與否，是區分圓滑還是周到的標準之一。

或許對大多數人而言，讓所有人都體面是一件很困難的事情，但是還是有方法可循的。下面我們就來聊一聊到底如何做才能讓所有人都體面，才能讓別人與你相處起來很舒服自在。

第一，**看破不說破，是一種修養**。朋友滿心歡喜的跟你分享一個你之前早就聽過的老舊話題，你是直接說穿，還是裝作沒聽過哈哈大笑呢？同事追求潮流卻又因手頭拮据買了高仿包，你是直接說出來，還是維護她的自尊呢？

最近我經常看馬東主持的《奇葩說》，他在節目中提到，他媽媽買了一個包，號稱是歐洲皇室訂做，原價一萬九千八百元，活動價九百三十元，他媽媽一心動就買了，隨後如同撿了大便宜似的向馬東炫耀。

馬東的本能反應是：「我媽瘋了嗎？」不過他知道，自從父親走後，母親一個人確實太孤單了，雖說和自己住在一起，但他一週才能陪母親吃一頓飯。直接向母親說出真相，實在不忍心，所以他就說：「真漂亮，您眼光真好。」

實際上，我們在平時會遇到很多類似的小事。倘若我們都能如馬東這樣，做到不帶目的的「圓滑」，不是更好嗎？

當我們在生活中遇到以上類似的情況時，一個真正成熟善良的人，並不是直接說穿，而是會盡量克制自己的小聰明和表現欲，看破不說破，知世故而不亂顯擺，進而讓周圍的人都體面。

第二，**能在無形中化解的尷尬，就別擺到臺面上。**辦公室裡有個二十幾歲的女孩悅悅，她提到在大學時班級裡評選助學金，她們班的班委會會員們一致認為，應該要跳過公開演講的環節，因為大家都知道生活貧困的窘迫和無力感。讓一個學生在那麼多自己的同學面前，講明自己的困境，不亞於要別人把自己的傷口撕開給大家看，並且要求傷口撕得越血淋淋越好，因為如果不夠慘烈你就得不到助學金。這件事對一個正值青春期、敏感、自尊心高的少年來說，實在是太大的傷害。

所以悅悅一直都覺得，她們的班級比別的班級要團結友愛。事實上，悅悅的話很有道理，做人要善良，最重要的一點就是不要讓別人尷尬。

在某些場合，努力保有他人的一份自尊、一份隱私，其實就是一種善良。

第三，**眼裡、心裡時時刻刻裝著他人，才是真正的高情商**。還記得香港長江集團創辦人李嘉誠請客吃飯的故事嗎？

七十多歲的李嘉誠，會在電梯旁等著和大家握手，然後發名片，同時也遞給大家一個盤子來抽籤。盤子裡有號碼，這個號碼決定你吃飯的時候坐哪桌，避免大家到時候因為座位心裡不滿；照相時也根據座位號碼來安排站位。

他在每一個細節上都花費自己寶貴的時間、精力，為大家考慮周到，讓每個人都體面，這樣的人一路走來能一直獲得別人的認可和支持，確實一點都不讓人感到稀奇。

其實眼裡、心裡裝著他人這樣的舉動，涉及一個心理學概念叫「同理心」，但同理心並非憐憫，也並非同情，而是一種能敏銳察覺他人的情緒、能感同身受的能力。作為一種能力，同理心是可以透過後天練習獲得的。比如我們平時就可以練習換位思考，學著感知別人的情緒。

有了同理心的能力，我們就可以追求在人際相處中更舒服的狀態，即同理心應答。比如，你在看ＮＢＡ的時候，你希望自己的女朋友也喜歡上籃球比賽，兩個人一起看球賽，感覺會更加開心。不過，你是否嘗試喜歡上女朋友喜歡做的事情？比如逛街。

你可以先去試著感受一下她逛街的樂趣所在，找出使她開心的點。在深切了解對方的想法後，你要在適當的時機陪她做她喜歡的事情，讓她感覺到你也喜歡做她喜歡的事情。

不僅男女朋友之間的相處，其實和同事之間的相處也一樣，只是我們習慣性的認為前者比後者更值得重視而已。

想必有朋友會說：「在我自己狀態好的時候，或者事後冷靜下來的時候，我都知道怎麼做。但焦頭爛額時，就是難以自控，怎麼辦？」

從心理學的角度來說，情緒就是感覺，它不但可以影響我們的生理和心理，也可以直接影響我們的思想和行為。情緒可以由呼吸、心跳或者內分泌變化引起，比如心跳加快會容易興奮，女孩子在生理期脾氣會變得暴躁；也可能是認知與事實有了落差的結果，比如，考試沒考好的時候，內心會難過沮喪。

由此我們可以清楚一點，情緒和引發情緒的行為是兩回事。比如，憤怒和發脾氣是截然不同的事情。前者是一種情緒，而後者則是前者引發的行為。所以，情緒無好壞，然而情緒引發的行為卻有好壞之分，比如，兩個人吵架，都很憤怒，但一個人轉身走掉了，另一個人氣不過，追上去殺死了對方。後面這個人的行為就是違法的、惡劣的行為。

當我們理解了這一點，那麼就具備了情緒管理的重要前提。接下來，我們就需要採用下面兩種方法來讓自己做到管理好情緒，並引導和利用正向情緒。

一是多透過練習感知自己的情緒，掌控情緒的開關，學會適時按下暫停鍵。只要你感受到有情緒時，哪怕是再小的情緒，你也要學會抽離，讓自己靜一靜。這樣練習久了，就會慢慢提高自己的情緒掌控力。

二是學會引導和利用正向情緒。情緒有正向和負向之分，而正向情緒的類型也包括許多，如喜悅，樂觀，自信，熱情等，每一種都能給予人力量，幫助我們實現自己的夢想。當然，人與人不同，對情緒的理解也不同，或許你並不曾意識到積極的情緒能夠帶給你影響。

你要記住，越是快樂，就越能體驗到靈感、富足、爽朗和寬容，就越想做個更好的人並幫助他人。因此，千萬不要低估喜悅的力量和重要性。

還有一些人認為，正向的情緒會讓人放鬆，過於平和是沒有激情的表現。他們更相信「壓力就是動力」或者「危機才是良機」。實際上，倘若他們能夠專注於正向情緒時就會發現，當心中沒有焦慮，精力會更充沛，也更有靈感。

體驗負面情緒會耗盡你的能量，使你變得更沮喪，正向的感覺則讓你充滿熱忱和創意。**一個人要善於引導和利用正向情緒，如此才能成為高情商的人。**

從恐懼到擁抱，三招應對黑天鵝

十七世紀以前的歐洲人從沒見過黑天鵝，認為所有的天鵝都是白色的，所以，他們將黑天鵝作為一個專有名詞，用來形容那些不可能存在的事物。後來，人們在澳洲發現了黑天鵝，於是原本不可能的信念動搖了。

所以，黑天鵝這一概念的含意，就由原來的「不可能事件」，變成了今天的意外事件，這種事件常常會帶來意料之外的重大影響。

再後來，納西姆・尼可拉斯・塔雷伯（Nassim Nicholas Taleb）寫了一本名叫《黑天鵝效應》（*The Black Swan*）的書，簡體中文版的副書名是「如何應對不可預知的未來」。

那麼，生活在當下的我們應該如何應對不可預知的未來呢？若想應對不可預知的未來我們需要抓住根本性，保持靈活和警覺。

第一點：面對不可預知的未來，你選擇迴避，還是轉型？關於這個問題，不妨聽一個小故事。

二〇一〇年前後，磨鐵圖書和B公司是當時中國圖書出版市場上最有特點的兩家圖書出版公司。前者曾出版過《明朝那些事兒》，後者也曾出版過同一量級的暢銷書。

當時兩家公司都處於成長狀態，B公司因其風格更穩健，單品平均銷量也比磨鐵要好，所以發展略領先一些。

而二〇一〇年前後又恰是電子書興起的時候，出版業正面臨著一個不可預知的未來。所有出版人都擔心電子書做大會導致紙本書無人問津。對於這個不可預知的未來，擺在大家面前的一個很自然的問題就是：還要不要繼續做出版？

面對這個問題，B公司選擇將自己賣給了國有出版集團，估值好幾億元，賣了大比例的股份，從某種程度上來說，規避了風險。就這樣，借助資本運作，B公司的創始人們似乎把這個不可預知的未來迴避掉了。相反的，磨鐵圖書做了不同的選擇——轉型。

第二點：回歸根本，才能更好的面向未來。與B公司相反，磨鐵的創始人沈浩波面對這個不可預知的未來，選擇退回起點，將自己歸零，思考自己當初創辦磨鐵的原動力。

本質上而言，沈浩波首先是一個詩人，其次才算得上一個商人，直到如今，他還堅持著詩歌創作。最初，他選擇做出版，無論是偶然中的必然，還是必然中的偶然，均是有感於很多優秀的作者和作品被埋沒，想做好價值發掘和價值傳播的工作。心懷這一初心，他覺得電子書的發展，與公司的目標完全不相矛盾，反而增加了媒介種類，擴大了內容傳播的通路。因為紙本書和電子書各有其特點和優勢，不存在誰消滅誰的問題，更多的應該是相輔相成。

後來在談到重新認知圖書出版行業這一話題時，沈總和我認為：「從根本上講，不是我們非要做紙本書，而是當年如果要發掘價值、傳播價值，圖書出版是最好、最直接的途徑。我們的根基在於內容，而不是形式，那麼出現了新的傳播形式，對我們是有好處的，沒理由不去擁抱它。」於是基於好的故事、好的內容，磨鐵公司開始轉型，從出版、網路文學，再到影視，如今已經成為一家進行全媒體ＩＰ開發與打造的文化娛樂傳媒集團。不過，磨鐵圖書「價值發掘和價值傳播」的根本不曾改變，因為守住這兩點，就可以判斷不可預知的未來是否對自己有利。

二〇一七年，轉型之後的磨鐵估值四十五億元，年均增長率也非常高。磨鐵公司轉型的成功，離不開對根本性的把握。面對不確定的未來，磨鐵當時的主管層沒有驚慌，因為我們知道，只有回到根本，才能更好把握未來。

第三點：除了根本性，還要有靈活性。

塔雷伯在談到黑天鵝事件時，指出這一事件的三個特點分別是意外、極端影響和事後解釋。

先來看意外。所謂意外，說明這類事件是不可預知的。這就要求我們對黑天鵝事件做抉擇時，不能像對待普通事件一樣，過度依靠外部情況做出判斷，而是要回歸自身，依靠對自身根本性目標的反思做出利害抉擇。正如特斯拉汽車執行長伊隆・馬斯克（Elon Musk）所說：「依靠第一性原理做判斷。」

接著看黑天鵝事件的第二個特點，極端影響。解決它的時機是稍縱即逝的。這就要求我們必須迅速產生解決方案，不能套用常規的流程和方式。也就是說，要靈活而有決斷。

二〇〇五年的時候，長沙舉行書展，當時我還在湖南師範大學讀書。那時，長沙是全國四大圖書交易市場之一，我學的又是編輯出版這個專業，於是就和幾個同學商量著，將書展結束後書商帶不走的書便宜收購回來，拿回學校倒賣。通俗的說，我們就是想擺地攤。不過，我卻和書商大談校園網路直銷，告訴他們，和我合作，別看現在業務量很小，但有助於他們出版的書進入大學校園。

書商都是老江湖，自然清楚我的算盤。很多書商都不願意理我。不過在這過程中，我卻引起了其中一個北京書商的興趣。他說：「我對你說的校園通路代理不感興趣，但我對你這個人感興趣。我覺得你很機靈，以後畢業後想實習可以來北京找我！」他把書賣給了我，還給了我一張名片。

我大四畢業前，開始找實習。我首先考慮了自身的根本性目標，認為自己的性格並不適合進入傳統國有出版社。那時民營出版剛興起，我想進入這種靈活自由的公司發展。

接下來，我迅速做出了決定。我打了名片上的電話，聯絡上了那位把名片給我的書商。就這樣，我來到了北京。

如今提到大學生去北京找實習機會，可謂司空見慣。不過在十年前，那可是一件大事。當時社會治安還比較亂，一個初出茅廬的年輕人，還沒畢業就跑到人生地不熟的地方來投靠陌生人，總讓人感到有那麼點不靠譜。比如我們班的同學大多選擇在長沙實習和工作，在北京的同學也就那麼三、四個，其中有兩個還是受我的「蠱惑」來的。

我孤身一人勇闖北京後，發現公司在一個三房一廳的套房裡，連正規的辦公室都沒有，心中非常忐忑。不過因為內心更願意選擇自由，我還是留了下來。我至今還清楚記得，老闆見到我之後，對我說：「我只給了你一張名片，沒想到你還真敢來啊！」

這個給我名片的人，就是甄煜飛，中國最早發掘軍事小說的領軍人物。也就是在他的公司工作的那段時間，我參與了公司與許多優秀軍文作者的合作，公司出版的作品包括《士兵突擊》、《兵王》、《我是特種兵》、《終身制職業》、《狼牙》等。

我很幸運，及時趕上了那波轉型期高峰。初入出版業，我就得到了行業頂尖人才的引導，學到了很多在當時傳統國有出版社不可能學到的東西。

二十六歲那年，我加入磨鐵圖書，做了不到三個月的總裁助理後就接手磨鐵的第二編輯中心。不誇張，當時**我是行業裡最年輕的總經理**。**有很大程度得益於我前一階段的學習和積累，讓我能夠領先一步**。而當年帶我入行的老闆甄煜飛則被中國企業家陳天橋相中，成為當年紅極一時的盛大旗下出版公司聚石文華的CEO。

試想，倘若當時我不曾把握那一次機會，極可能不會一開始就站在一個很高的起點上，也就不能跟著絕頂高手貼身學習。或許我會在長沙，被迫選擇一份做編輯的工作，更不可能站在風口浪尖，見證內容行業發展的全過程。所以，面對不可預知的未來，你慢一步，錯過的可能就是一生。

第四點：不要以為黑天鵝事件很少，與你無關，你必須警覺！黑天鵝事件的第三個特點是事後解釋，意即我們總是會對一些事前無法解釋的事情進行事後解釋，以此低估那些不可預估的事件的發生概率。可是事實上，小概率事件在大規模的發生，而且在如今這個迅速變化的時代，小概率事件會發生得越來越多。

甚至有時候，黑天鵝事件儘管不曾發生在你的身上，仍然會對你產生巨大的影響。

諾基亞（Nokia）倒閉的時候，諾基亞手機CEO說：「我們沒有做錯什麼。」沒錯，諾基亞是沒有做錯什麼，但是賈伯斯做對了。

很多時候，事情就是如此。**世界是一個整體，你與別人互相關聯。你是沒做錯什麼，只要別人做對了而你什麼都沒做，這就足夠致命了。**其他地方發生的黑天鵝會飛到你這裡來，而如果你沒有準備，就只能坐以待斃。

第五點：警覺性、根本性和靈活性，是應對黑天鵝必備的三大要訣。

中國企業家馮侖在《野蠻生長》一書中說：「好的公司不是機器，而應該是一個有機體。」日本企業家稻盛和夫的阿米巴模式要求，公司內部要形成大量獨立的小組織。在我看來，這兩句話用在個人身上同樣適用，意思是：

第一，個人的成功是由內部根本性目標驅動，而非由外部流程推動；第二，雞蛋不要放在一個籃子裡，靈活運作，以規避風險。

可以說，這兩句話正是應對黑天鵝事件的良方。前者說的是根本性，即用自身的根本性目標為依據，而不依賴外界做利害抉擇；後者說的是靈活性，即依據根本性做出抉擇後，不要猶豫，靈活而有決斷的付諸執行。在以上二者的基礎上，再輔以適當的警覺，你就可以應對不可預知的未來，從黑天鵝中獲利，而非成為不確定性的犧牲品。

切記，立足於根本性，保持靈活和警覺，如此才能於不可預知的未來中獲得成長！

人生哪有來不及，不過是你太著急

有個人三十五歲，月薪四千五百元，還背著房貸和車貸，老婆沒工作在家帶孩子，現在孩子才一歲多，所有經濟壓力都在自己一個人身上。

每當他想到自己下半輩子只能這麼悲慘的過下去的時候，就會感到無比痛苦，但他同樣非常無奈。於是，他找到我們團隊，想問問他的人生還有沒有別的可能，以後能不能過得好一些。在回答他之前，我先給大家講一個小故事。

有位老人家叫姜淑梅，六十歲時，她開始認字，識字以後，她看了莫言的幾部小說，看完她心裡就不服了。她說：「我們都是山東老鄉，這樣的小說我也能寫。」她女兒就對她說：「那妳寫吧。」於是，這位老人家就真的在七十五歲時開始寫作。二〇一九年，她八十一歲，已經出版了四部小說，不僅造成文學界的轟動，還拿了很多獎。

《羅輯思維》作者羅振宇（綽號羅胖）在他的跨年演講中推薦了一本新書——《百歲人生》，他講到一個觀點，像姜淑梅老人這樣的生活，在未來將是我們人生的常態。六十歲時，上個大學；七十歲，自己出來創業；八十歲，新學一門手藝，這一切都將不再稀奇，這是我們這一代人必然經歷的過程。

很多人都有認為自己一輩子就這樣了，再做什麼努力也來不及了的感慨。

有句俗語說：「男怕入錯行，女怕嫁錯郎」，因此才有那麼多人在意自己的第一份工作。因為不能錯，錯了，一輩子就完了。很多人在職場上那麼謹小慎微，恐懼彷徨，就是因為怕犯錯。即使自己非常痛苦，也沒有勇氣修正重來。

但是，如果我們把這個困境放在一百年的生命週期裡，用新的方式解讀，情況就完全不同了，拉長時間軸，你會發現，過去這些想法有多麼可笑、荒謬。

試想，如果你在六十歲的時候開始學習小提琴或鋼琴，那麼到一百歲的時候，你就有四十年彈鋼琴或者拉小提琴的經驗了。

吳勝明是一個傳奇人物，她自稱是「沒有時間老去的人」，從囚犯到富豪，再從企業家到慈善家，即使用傳奇兩個字也不足以形容她跌宕起伏的人生。

一九三〇年代，她出生在一個富豪家庭，十二歲時，家裡為她定了一門婚事，十七歲時，因為不喜歡父母的包辦婚姻，她離家出走去做了保姆。後來她開始經商，結婚十二年小產四次後，四十二歲生下了自己唯一的女兒。改革開放後，五十歲的她，七年經商累積上千萬資產。

有了錢的她，生活奢華，一九八〇年代，她為女兒過十歲生日就花了二十萬元。但是一九八五年，她因為走私被判死刑緩刑，後來刑期又從減刑到無期。她入獄後不久，丈夫就提出了離婚，十六歲的女兒在絕望等待中自殺。兩年後，吳勝明在獄中看到女兒的絕筆信，信中寫道：「在我眼中，您是有本事的，假如您有一天能出來，萬萬不要再想著賺什麼錢，盡量去做點對社會有益的事情吧。您可以收留那些寄人籬下的、無家可歸的孩子或者老人，假如您不答應，我是不會瞑目的。」

二〇〇三年，七十一歲的她減刑出獄。無家可歸，靠掃公廁維生，一個月四百元的工資，租住在一個約五坪多的房子裡。七十四歲的她再次創業，幾年之後，她的事業越做越大，八十歲時，她身家過億，為了完成女兒的遺願，她又創辦了一家養老院，讓數百位無兒無女的老人有了穩定的住所。

其實，無論發生過什麼事情，我們都有機會從頭開始。在這個時代，由於科技的發展，社會的進步，每個人很有可能活過一百歲。如果六十歲才是人到中年，那麼，我們依然可以開始精彩的下半場生活，只要我們還不到六十歲，就都是年輕人，因為年輕，也就沒有什麼折騰不起。

吳勝明八十二歲的身體裡藏著二十八歲的靈魂；姜淑梅六十歲識字，七十多歲出四本書；日本有位好奇心女孩，九十七歲還可以談戀愛，每天笑容比陽光還燦爛。所以，**年輕是一種心態，一切都還來得及。**

成功在這個時代很簡單，不要盲目追趕潮流，你只要堅持做一件有價值的事，就可以活得豐盛圓滿。

第四章

掌握四大際遇，打工仔這樣變老闆

不知大家是否聽過場景革命？場景革命，聽上去似乎讓人覺得有些摸不著頭緒。究竟何為場景？其革命性體現在哪裡？我們又該如何應對？

善用場景力，新時代成功的關鍵一招

幾年前，《羅輯思維》一書在中國國內剛剛火起來。當時的互聯網業務經營方式和現在有很大不同。那時，《羅輯思維》的作者羅振宇要做一件事：賣書。於是他找到了我們個人發展學會《職場解憂雜貨鋪》的節目主持人竹笛所在的團隊，請他們幫忙搞定版權，進行策劃和設計，然後出版。

賣書這件事本身並不奇怪，但這個賣法很有意思，他賣書，而且是一次賣六本書的一個圖書禮包，定價四百九十九元。這在當時網上支付已算大額，而且他竟然沒有公布這些書的書名，只是在某一天早上六點半，羅胖在《羅輯思維》的微信公眾帳號裡發了一條語音，說他要賣一個圖書禮包，裡面共有六本書，限量八千套，就這麼簡單。

這件事現在看起來已經沒那麼新奇了，但在當時可謂非常冒險，因為這完全是基於對羅振宇魅力人格信任的販賣。書是已出版過的作品，《羅輯思維》團隊只是把它們篩選出來，和竹笛的團隊一起進行重新包裝設計，做成專有的定製版。讀者也清楚這一點。不過他們仍然願意高價購買。這是一個標誌性事件。書設計得非常不錯，但問題是購買前沒人知道，更沒人見過。與其說賣的是書，不如說賣的是人設，是歷史標誌性事件的參與感。

那天上午剛過八點，八千套書就已經售罄，還有好多人抱怨晚起床而沒有搶到。按照傳統邏輯，所有稀缺的東西都會產生套利的空間。簡單的說，我們一般認為如果一個東西供不應求，就有提價的空間，低買高賣，轉手就可以賺錢。這和春運（春節期間的交通運輸）的時候，常常出現黃牛票是同樣道理。

這一次也不例外。很多人看到了風險，但也有人看到了商機。我的一個朋友一次性買了十幾套，《羅輯思維》官方一宣布售罄，他就把囤下來的書放在自己的淘寶店上轉賣。

他認為，這次基於魅力人格的產品行銷雖然看上去很不靠譜，但一定會成功的。這位朋友早上七點做了這個判斷，僅僅一個小時之後，他的判斷就被驗證了。這點錢對他來說不重要，但他認為自己看到了時代的趨勢，他聽說我之前和羅胖有合作過，還得意的打電話給我，聲稱自己是個識貨、有遠見的人。

不過，這個故事的結局卻很有意思，也很引人深思。朋友的得意並沒有持續多久，下午他就覺得有些不對，他店裡一套書也沒賣出去。不是店鋪的問題，因為他的店流量還是相當不錯的。

這就涉及顧客群體的變化，正是場景變革的一面，對於次文化群體很重要的東西，對於另一個群體可能毫無價值。

這個朋友在《羅輯思維》的聽友群裡也認識不少人，他向他們推薦。即便如此，在《羅輯思維》後臺被要求加印的留言刷爆了的情況下，他淘寶店裡的那十幾套書依然乏人問津。到了第二天、第三天，情況還是這樣。他把定價一降再降，從成本價的兩倍逐漸降到成本價的二分之一，一週之後，這個風潮都過去了，他的書還是一套也沒賣出去。

坦白說，雖然我並不看好他轉賣書的行為，但慘到這個地步，還是有些出乎我的意料。如前述，按照傳統的經濟思維，稀缺的商品會產生套利的空間。但是，在這個案例中，這種思維為顯然還是太簡單了。我的朋友看到了羅胖人格化所帶來的信任，在營銷中的潛力，這是他的成功之處，但是他沒有看到的是，互聯網時代中的成功營銷不僅僅需要人格魅力，還需要特定的場景。

這套書是放在《羅輯思維》上賣，還是放在他的淘寶書店裡賣，場景變了，也就導致了結果截然不同。

在一個場景中可以奏效的方法和產品，在另一個場景中可能變得毫無效果。也就是從那個時候開始，我明確感受到，在這個新時代，人們的消費行為中，一些根本性的東西開始發生變化。

第一點：產品即場景。為什麼這麼說呢？以星巴克為例。作為一家著名的咖啡品牌，星巴克曾經面臨的一個危機就是，很多顧客反映：「沒有了咖啡氣味的星巴克，不再是真正的星巴克了。」

人們會在星巴克吃三明治和各種茶點，但是他們對於這個場景的體驗依舊是：這是一個喝咖啡的地方，必須瀰漫著咖啡的氣味。如果場景裡沒有這種味道，它就和一般的速食店沒有什麼區別了，那麼我為什麼還要去星巴克？

為此，星巴克曾啟動一個項目，投入幾千萬研發餐點，目的並非提升餐點的口感，而是如何不讓這些餐點散發出香氣，因為這些香氣會沖淡和掩蓋店裡咖啡的味道。

星巴克進行的相關研究，表面是投入在食物上，但實際上是投入在場景建設上。因為他們知道，咖啡和食物都是可以替代的，而星巴克真正不可替代的品牌價值是這個場景本身，以及這一場景提供給顧客的心理感受。

Brunch和下午茶品牌的興起同樣是典型案例。

在一線城市中，Brunch和下午茶火了。Brunch就是早午餐，在上午九、十點的時候提供精緻的茶點，和下午兩、三點提供的下午茶很相似。主打早午餐和下午茶的店，常常比普通的餐廳更注重採光，室內的裝潢環境也很好，讓人感到溫馨閒適。

它的餐點價格與其成本相比非常昂貴，比一般餐廳要貴得多。一個做成動物形狀的小小糕點可以賣到上百元。這是用來吃的嗎？不是，這是用來觀賞的，是用來給顧客拍照分享的。

儘管名義上它還是一家餐飲店，但本質上它是一個展現生活方式的場景。一個人在上午九、十點或下午兩、三點走進這樣一家店，點一份看上去就很精緻又昂貴的糕點，然後拍張照把它分享出去。這表明什麼？這表明他是一個有錢有閒還有情調的人，一個脫離了生活掙扎的人，一個有身分地位的人，他不需要過多的說明，不需要顯得太刻意，一張照片就足以說明這些含義。

在此，食物已經不是這些店真正的產品了，真正的產品是場景本身，食物本身只是場景的一部分。

第二點：分享即獲取。二〇一四年，八百萬好友的自發分享成就了微信紅包。數據顯示，新年期間被領取的紅包數量超過四千萬個，數百萬用戶為此綁定了銀行卡。

從此，紅包成為互聯網企業的經典戰術。我隨便一提大家都能想到很多例子，滴滴與快的（中國叫計程車的應用程式）、京東和淘寶、貓眼電影、線上購物網當當和亞馬遜……諸如此類，不勝枚舉。現在就連三、四線城市的普通小餐館都開始經營自己的微信群，不時用「分享換紅包」的策略吸引顧客。

表面上看來，企業為此投入了大量的資金，但是從效果上看，它為企業節省了大量的廣告投入，效果還好得多。從營銷意義上來講，用戶分享近似於廣告眾包（crowdsourcing，群眾外包，是一種特定取得資源的模式）的推廣手段，目的是提高知名度，獲取顧客。

由此可見，分享即獲取，是更適合新時代的獲取方式。而既然是獲取，就需要有共贏，只有為用戶的社交關係鏈創造價值，才能讓用戶有持續分享的動力。這和之前講到的早午餐店的道理是相通的，只有為用戶的分享帶來價值，才能有更好的、更長遠的發展。

甘迺迪（John Fitzgerald Kennedy）曾說：「不要問國家為你做了什麼，而要問你為國家做了什麼。」把國家換成用戶也相當合適。

第三點：跨界即連接。吳聲在其著作《場景革命》中舉了一個很好的例子，這個例子和奢侈品有關。

我們會發現，不管是凡賽斯（Versace）、路易威登（Louis Vuitton，簡稱

ＬＶ）還是愛馬仕（Hermès），這些一線奢侈品品牌往往都會涉足飯店行業。從時裝設計的角度來看，飯店是一個風馬牛不相及的領域，那麼為什麼他們不約而同都做出了相似的跨界選擇呢？比如ＬＶ不僅做飯店，還跨界涉足了家具領域，與辦公家具製造商赫曼米勒（Herman Miller）聯手打造ＬＶ家具產品。

其實背後的邏輯在於，這些品牌不只把自己的產品視為服裝箱包，而是定位為一種生活方式，而飯店和室內裝潢業是最能全方位體現這種生活方式的領域。

透過跨界，品牌把自己的產品連接為一個生態。以「小米」為例，小米跨界很廣，不僅是手機，還包括電視、機上盒、路由器（分享器），以及各種智能家居產品。小米的路由器可以和其他品牌手機共同使用，但是當它和小米共同使用時，效果最好。

整個生態都遵循著這樣的邏輯，也因此品牌提供了完整的場景解決方案。當品牌不再以單獨的產品呈現，而是以跨界組合為場景的時候，回到家，就是回到小米場景。用戶的忠誠度和體驗度都會大大提升。不僅在新技術領域和奢侈品領域，其他領域也有這種場景化的現象存在。比如無印良品，你在家庭場景中需要的，無印良品都有對應的產品，它們有共同的設計風格，推崇同樣的生活方式。用跨界形成場景，而場景可以使用戶沉浸其中，這是最緊密的連接。

第四點：流行即流量。正如很多影評人所指出的，無論是美國影集《權力遊戲》（*Game of Thrones*），還是韓劇《來自星星的你》，它們的流行其實都不只是一部電視劇的流行，而是一種次文化的流行，用場景實驗室創始人吳聲的話來說，就是「一個次文化群體的認同與狂歡，是一個有著共同語言的群體的一次集體表達」。

其中的重點在於，一個品牌的價值等於認知＋認可。而在這個場景革命的時代，兩者往往互為關聯。傳統廣告強調的知名度與美譽度之間可能會有較大不同，比如一些品牌很知名，但大家都不認可。在日益場景化的今天，得不到認可，也就很難有更廣泛的認知。

場景作為一種被認可的生活方式，本身就可以成為產品，而且可以利用分享的力量與用戶獲得共贏。所以，找出自己的場景，注重場景的建設，透過場景的內容獲取認同，為用戶提供價值引導、分享，才是新時代的成功之道！

認知盈餘，讓他人免費幫你辦事

影響力是一種獨特的存在，它時時刻刻影響著我們。從網紅購物宣傳引發某潮品的盛行，到某知名大咖的跨年演講引發公眾熱議等，可以說，影響力能夠帶來一種神奇的力量，甚至可以影響人的一生。

所謂影響力，是指可以左右或改變他人、群體的心理和行為的能力。它看不到、摸不到，僅能從其影響或效果感覺到。這是一種人人都希望擁有的能力，因為它可以增加人特有的魅力，時時刻刻影響著周圍的人。

認知盈餘可以幫助我們擴大自己的影響力，進而藉用影響力法則獲得外界的助力。什麼是認知盈餘？簡單說，就是受過教育的人，建設性的利用閒暇時間從事創造性活動。這是認知盈餘的本質。

不過這樣概括顯得太過抽象，不具備可操作性。實際上，對我們來說，相比知道認知盈餘，更重要的是要清楚認知盈餘的條件、如何才能產生認知盈餘、如何從認知盈餘當中獲利。

以下有三點：

第一點，認知盈餘的前提。要得到認知盈餘，就要有兩個前提：一是自由時間，二是受過教育。關於自由時間，我們可以借助於一些數字來了解。一百年前，世界上普遍的工作時間是一天十二小時，現在我們是一天工作八小時；二十年前，我們每週上六天班，現在是五天，有些西方國家還進一步縮減到四天。

再來看一則消息，我們知道，歷史上存在過的最自由的群體之一是雅典公民，因為有奴隸的供養，所以可以支撐這些人不必為生活所需而工作。現代的瑞士認為，工作理應出於自願，不用為了錢而出賣自己的時間方算是真正的自由。為此，這個國家舉行數次全民公投，只為了決定是否每月要為每個公民發放一筆足以保障其正常生活的錢。

這一系列的變化或許聽起來有點奇幻，但這就是正在實現的事實。

《下班時間扭轉未來》（*Cognitire Surplus*）的作者克雷・薛基（Clay Shirky）說：「人工智能和技術的進展，正逐漸替代古希臘時代奴隸的位置，給現代人提供更多的自由時間。」

而從人類發展的總趨勢上看，自由時間是不斷增加的。接下來看教育。同樣先看一組對比：一九四九年以前，中國歷史上的識字率從未超過五％，而今天，中國人的識字率超過九〇％；幾十年前，上過國中的人就算是很有文化的人，之後這個標準逐漸提高到高中、再到大學，現在甚至還有提高到研究生的趨勢。

伴隨著以上趨勢的變化，社會上知識總量大大增加，人們受教育的深度和廣度都有了極大提升。

在以上兩個前提下，試想，倘若我們將全部接受教育公民的自由時間看成一個集合體、一種認知盈餘，那麼，這種盈餘將會有多大？

第二點，如何促進人們在自由時間中創造價值？明確了認知盈餘的巨大價值，接下來就要思考另一個更為深入的問題——促使人們在自由時間中創造價值的方法。

大量受過教育者的自由時間是社會的一種潛在資源。但這些潛在的資源倘若只是放在那裡，是無法創造價值的。將這些潛在的資源轉化成實實在在的價值，需要引導和促進。

小米在這方面做得很好。小米對「米粉」的建議進行篩選，將其中相當專業、可實現的建議予以採納，從而對其手機進行數次改進。這不僅節約了大量的設計資源，還保證了銷量和用戶體驗，而且，正如小米的聯合創始人黎萬強所說：讓「米粉」參與建議和設計的過程，本身就是用戶體驗的一部分。

所以，參與感對於認知盈餘的價值輸出，具有重要的引導作用。

從前我們談教育時都說寓教於樂，如今我們談創造也是一樣，寓創造於樂。創造不再是一種工作或負擔，它成為我們生活樂趣的一部分。參與感的存在，把創造價值這件事變得好玩、酷，讓人有價值感，那麼它將吸引人們，將自由時間花在這件事上就是相當正常的事情了。

文化領域裡的眾籌是另外一個參與感引發價值創造的例子。這種眾籌和一般商業項目的眾籌不同，它不期待一個確定的回報率，如很多電影的商業前景並不一定被看好，但是借助於眾籌，獲取投資者對其的認同感，加之影片在最後的感謝中會提到他們的名字，使他們感到參與到了電影製作。

甚至人們還以這種參與方式，加入更加專業的價值創造中，比如科研方面的「鳥類觀察計畫」，甚至是NASA（美國航空暨太空總署）尋找類地行星的項目，這被稱之為參與式科研。

當然，除了參與感，要想將人們的自由時間引導到創造價值上來，便利是一個必不可少的要素。

曾經極度火紅的App「足記」就是利用了便利這要素。它提供的服務讓用戶可以將照片製作出電影大片的效果，再配上字幕。一時之間，朋友圈、微博以及各大網站上，都出現了很多有電影感的圖片，很多人自發性的為它做推廣。

實際上，用戶在使用足記製作電影照片的時候，等同於已經進行了一種創作，為其他人提供了美的享受，一些做得好的照片還會被留存下來，成為永久的素材。

其實，足記做到的效果在很多圖片編輯軟體裡早就實現了，只是足記比他們更便利。正是因為這種便利，足記的創作形式很快就變成了一種社會現象，除了專業人士，幾千萬普通人也可以借助它創造價值，讓更多人欣賞。最重要的是，這時的創作不再是一種工作、一種負擔，而是成了一種滿足自己的方式。

類似的還有「美拍」、「臉萌」等眾多製圖、修圖軟體，它們雖然不具備強大的專業軟體功能，但是它們夠便利，使得用戶可以透過分享提升參與感，於是，它們同樣引導了人們發揮自己的創造性，並因此受到歡迎。

所以，當便利性足夠吸引人時，你不僅無須為人們在閒暇時創造的價值付費，人們甚至還會為自己的創造而付費。便利他人進行價值創造，本身就成了一種商業機會。

第三點，不同的心理動機塑造了不同的創造價值形式。根據馬斯洛的需求層次理論，人的需求分為不同層次。在滿足了最基本的生理需求和安全需求之後，人們會追求更高層次的愛的需求、被尊重的需求，以及自我實現的需求。

利用閒暇時間創造價值，實質上是對被尊重的需求和自我實現的需求之滿足，而這些滿足可以分為不同的形式。

羅伯特·西奧迪尼（Robert Beno Cialdini）在《影響力》（*Influence*）中提出的四條心理學原理，對於利用認知盈餘創造價值的行為做出了很好的解釋：

第一，社會認同原理。人們有獲得更多社會認同、更大社會價值的需求。維基百科就是典型的例子。創建於二〇〇一年的維基百科是一個可協作的在線百科全書，如今已經覆蓋幾十個語種，光英語詞條就已經接近一千萬個，人們為此投入的時間超過兩億個小時。所有工作都是無償的，連它的營運成本都是靠志願者捐款來維持。

這些志願者們投入在編輯詞條上的時間，原本可以用來看電視或休息，但他們選擇用它來進行無償的創造。而支撐著這種行為的動力，就是人們自我實現的需求能透過這種方式得到滿足。透過這種方式，人們得以將自己的知識、經驗匯入更大的、涵蓋了全人類的知識集合之中。這是一種認同。

與之類似的例子還有知乎（按：中國社會化問答網站，類似於臺灣的奇摩知識＋），很多人在知乎上回答問題，實質上就是一種無償的創造，對於他來說這不是一種負擔，而是獲得認同的一種方式。

第二，稀缺原理。人們渴望某種稀缺的東西，如果說社會認同使我們選擇了微信，稀缺原理則使我們選擇了奢侈品。這兩者並不矛盾。當今社會越來越多元化，人們的興趣也越來越部落化。粉絲圈、小密圈（知識社群工具）、社群，都是稀缺性原理促進價值創造的好例子。在這裡，人們的滿足感不是源於融入某種普遍性的東西，而是自己能擁有某種別人沒有的東西。

人們在這種小圈子裡分享知識和經驗，輸出價值，從某種意義上，這種類型的認知盈餘，和互聯網時代前的俱樂部類似。

第三，承諾一致性原理。人們傾向於做他們給過承諾的事。換句話說，當一個人承諾要創造價值，那麼此承諾本身就對這個人，起到了督促和鼓勵的作用。

「在行」（中國知識技能共享平臺）就是這方面的例子。人們於在行上預約專家乃至行業領袖，同時付出一定的報酬。如果僅就報酬本身而言，往往是遠低於這些大咖們的時間成本的。但報酬本身是一種價值標籤化的行為，重點不在於它的數量多少，而在於它使被請教的人感到自己的知識和創造受到了尊重，這是對被尊重需要的滿足。

當大咖們收下這筆錢的同時，也相當於他對這種尊重做出了一個承諾，他要讓向他請教的人有所收獲，使對方覺得值得，否則其行為就與其承諾不一致了，這不符合人的心理規律。於是，為了使行為與承諾一致，這種形式就會鼓勵他更用心準備，從而創造出更有價值的內容。

第四，最後一個原理是互惠原理。這個原理很簡單，人們通常會禮尚往來。如果你幫助了他們，他們也會傾向於幫助你。這方面的典型例子是「在行」最近推出的專家問專家。

在這種形式下，互相幫助的背後隱含著被尊重的滿足，引導和促使人們創造價值，而非價值標籤。

如果提問者和回答者都是專家，那麼雙方都無須向彼此支付報酬，而可以各自把專業領域內的知識與對方分享。

這是在彼此認可基礎上的彼此幫助，無須外部的激勵來引導人們創造價值，他們就會互相促進，創造出更有價值的東西。

總之，以自由時間和受過教育為前提，透過參與感和便利性來引導，遵循影響力的心理規律，創造價值的認知盈餘，可以讓我們自己創造價值，也可以建立工具或平臺以便利他人創造價值，使創造價值的行為變得好玩，變得酷，變得更有價值。

這是時代的趨勢，也是我們實現更好的自我的機會。抓住認知盈餘，就可以讓他人免費幫你辦事，讓自己和世界都變得更加美好！

體驗經濟，從打工仔變老闆

知識付費領域的領軍人物羅振宇曾經發表過一個聲明，聲稱要用經營城邦的思維經營「得到」（知識付費平臺）。他認為自己在過去的一年裡，把過多的資源和資金投入到了獲取新用戶的推廣上面，接下來他要改變策略，重新關注老用戶的體驗，把更多資源傾入到體驗和品質上，而非投入到獲取新用戶的宣傳上。因為「羅輯思維」最早就是靠老用戶的口碑，口耳相傳做起來的。

乍看之下這只不過是一家公司的戰略戰術調整，但這件事卻是自媒體與內容行業的一個重要信號。經歷了初期大家拚命靠概念、靠噱頭、靠標題來吸粉的野蠻階段，如今面對用戶越來越聰明，獲取越來越困難，特別是以微信公眾帳號為代表的很多自媒體，掉粉、掉關注、掉閱讀的情況增多，內容者最終將注意力重新回到用戶體驗上來了。

這進一步說明了體驗的重要性。在這個消費升級的時代，體驗比以往任何時候都重要，它更是一家企業的核心競爭力。

以書籍為例，隨著網路購書平臺的興起，傳統書店很多都難以為繼，因為他們在價格和便利性上缺乏與網路書店的競爭力。很多書店試圖降低讀者的購買成本，提高便利性，為此它們的確做出了很大的改進，但還是沒能維持下去。原因就在於它再快也快不過物流，再便宜也便宜不過網路。

這是否就說明了書店業就此就沒落了？其實不然。眾所皆知，如今很多注重體驗的高品味書店越來越受到青睞。於很多人而言，進去坐一坐、發發呆，已經成為一種生活方式，而且這種看法並不僅限於文藝青年。

比如中國連鎖書店「貓的天空之城」（以下簡稱貓空）就在書店倒閉潮中，實現了爆發式增長，其成功之處就在於給用戶提供了良好的體驗。在貓空裡，你可以喝上一杯咖啡，在舒適的環境中與朋友會面，還可以寄一張明信片給未來的自己。借助於將餐飲和文化創意與書店整合，貓空不再只把書店定位為買書的地方，而是把它變成了一家體驗店。去貓空，不只是買書，更是體驗一種生活方式。實際上，何止書店，就連隨處可見的便利超市和小餐館都會受到體驗經濟的影響。

我家樓下就有一家超市，按理說走路下去不過兩、三分鐘的事，十分方便。可我寧願選擇在網上下單，讓他們把東西送上來。由此可見，隨著物流越來越發達，距離上的便利性已經越來越不成為一個問題，使我們去一個地方消費的，不再是必須去，而是我想要去。

倘若如此，對於體驗上沒有特色的超市而言，店面還重要嗎？或許它們僅需要一個倉庫即可。

這種現象在餐飲業已經發生了，很多餐飲店專門做外賣，不需要店面，因而能壓縮成本。於是在這種體驗經濟大潮的衝擊下，餐飲業越來越分化為兩種發展方向：在網路上做外賣，或者用很好的環境吸引人們到店進行體驗。對於後者而言，人們購買的就不只是食品，而是一種獨特的體驗，因而人們也願意為之支付較高的溢價。

但人們去超市消費，很多時候並不僅僅買預先計畫好要買的東西，還會隨手購買很多計畫外的東西，這些計畫外的消費對於超市來說是一筆很重要的收入。超市希望人們可以到店裡來，所以現在很多超市會提供座椅，優化裝修和服務，就是為了讓顧客的體驗變更好。

這和逛商場是一個道理，只有把體驗做好，做到極致，才有足夠的吸引力，吸引到更多人流和客源。那麼，如何提升顧客的體驗滿意度呢？

第一，將心比心，己所不欲，勿施於人。以前有一本書很紅，叫做《海底撈你學不會》。可以說，這是消費升級前奏下與體驗經濟有關的第一本中國本土暢銷書。書中講到如何為顧客提供更好服務體驗的祕訣。下面，我們一起來分析一個場景：

一個人到餐廳請客，結果客人在菜裡吃出了頭髮。這人就叫來服務生，質問怎麼回事。服務生解釋了半天，也沒辦法解決這件事，最後只好說去請示經理。過了好幾分鐘，經理才騰出時間來找客人解釋。此時顧客會怎麼想？請客的人肯定覺得面子掛不住，於是原本很好說清的事情也無法解決了。以後這個人還會來這家餐廳嗎？肯定不會。這不是一根頭髮的事，重點在於他被晾在那裡好幾分鐘導致的憤怒體驗。

相反的，倘若服務生馬上向顧客賠禮道歉，表示要給客人免單，不需要請示經理就可以做出決定。那麼客人又會產生怎樣的感受呢？他肯定覺得自己受到了尊重，很有可能也不會要求免單了，因為他不想給人一種為了不想付錢才挑毛病的印象。從服務生的態度看來，他感受到了尊重，覺得自己是一個有身分的人，因此就不會在這些小事上太過計較。客人有了面子，自然會對這家餐廳印象好很多，下次請客他可能還會來這裡。

當時，很多餐廳的服務方式均屬前者，而海底撈則屬於後者。海底撈的每一個員工都有權力給客人免單，不需要經過大堂經理。這一點相當重要。表面上看來，它是授權給員工，實際上背後的理念是把顧客放在了一個更高的地位上。

當客人處於憤怒的情緒之中，還要經過漫長的等待，這無疑增加了客人的憤怒。每個人都需要被尊重，如果自己的憤怒能得到及時的回應，本來很嚴重的問題可能很容易就解決了，體驗也會變得更好。

不僅在遇到危機時要這樣處理，在我們工作的整個流程當中都應如此。然而，不顧及用戶體驗的例子卻俯拾皆是。

我曾用過一個軟體，其設計形式是點擊取消之後，它會彈出一個對話框，問：「您是否確認取消？」下面有兩個選項：一個是確認，另一個是取消。取消鍵顯示很明顯，確認鍵呢？故意淡化。

這就是完全沒有從用戶角度出發做出的設計。它說明設計者根本不在意用戶的體驗。當然，市面上還存在相當多不人性化的產品設計，甚至還有所謂的流氓軟體。這種軟體為用戶提供了很多有用的功能，卻刻意讓用戶找不到下單購買後的取消功能。

這表明設計者完全不拿用戶體驗當回事。那麼它最終的下場就是被卸載！己所不欲，勿施於人，對於提升體驗來說非常重要，但除了做到這一點，還要給用戶需要的東西，即關係、參與、個性、附加值。

首先是關係，好的體驗必須維持好與用戶之間的關係。就像人與人之間需要友情，公司和消費者之間也要形成一種類似於朋友的關係，才能把顧客變成回頭客。正如羅振宇所說的，老用戶的體驗尤其重要。當前，很多航空公司都實行一種叫做航空哩程的積分制度。飛的哩程數越多，用戶就可以享受到越多的優惠和越尊貴的待遇。這就是一種對關係的維持。

化妝品品牌「巴黎萊雅」（L'Oréal）是借助維持關係提升體驗的最好例子。巴黎萊雅面對最初開拓市場的困境，嘗試做過很多新產品，對改善市場作用都不大。他們後來想出一個辦法，每到節日或用戶的生日，巴黎萊雅都會為用戶準備一張賀卡，有時還送上試用品作為小禮物。有的用戶收到了之後，還會拍照分享，說：「只有巴黎萊雅的問候從不遲到。」藉由這種方式，巴黎萊雅得以迅速開拓市場。

表面看來，此舉需要很高的成本，可是在消費升級的時代，商品成本本身占所有成本的比例已經越來越小，因為品牌本身就有溢價。用極小的付出，贏得用戶的信任與情感，維持一段長期的消費關係，這其實是一件相當划算之舉。更不用說，這種情感體驗不僅加深了用戶的忠誠度，讓用戶願意以更高的價格消費更多該品牌旗下的產品，還促進了品牌的口碑傳播，讓新用戶的獲取更具自發性。

其次是參與。小米是最值得稱道的範例。在小米初創期的社群裡，每天都會看到成千上萬的用戶在為小米提建議，貢獻設計和創意。而他們之所以如此熱情參與，是因為他們的很多建議是真的可以被採納的。而最後，他們又會購買小米的產品，為自己的創意付費。而人們之所以願意這樣做，就是因為感受到了有參與感體驗之美好。

除了科技產品，如今很多影視劇和網路小說也十分強調參與的體驗。創作者會在關鍵的劇情上，由觀眾討論投票來決定情節的走向，讓觀眾參與其中，編織自己的故事。甚至當意見分歧非常大的時候，創作者為了保證用戶的體驗，還會專門製作兩個結局，盡可能讓大部分的觀眾都可以體驗到由自己參與產生的故事情節。

除此之外，各式各樣的ＤＩＹ，乃至於農場果園採摘的流行，均是因為賦予了用戶參與感很強的體驗。在這些體驗中，用戶不會把它視為麻煩和工作，反而會獲得一種成就感，人們購買的不只是水果，而是一次參與的體驗，所以人們往往願意為自己採摘的果子，付出比現成的果子更高的價格。

第三是個性。化妝品團購網站「聚美優品」曾經是這方面的典範。當年輕帥氣的陳歐喊出「我為自己代言」的口號時，不僅其形象深入人心，也讓自己的品牌一度紅遍了大江南北。很多人之所以支持聚美優品，願意在聚美優品上買東西，很大程度是被陳歐個性張揚的人設吸引。他讓聚美優品成為一個有個性、風格的品牌，當然，聚美優品的很多產品也強調差異化、定製款。所以，雖然定製款的價格比普通的款式要貴不少，還是有很多人趨之若鶩，因為他們在購買和使用這種商品時，除了獲得商品本身的功能，還能獲得一種差異化的個性體驗。

第四個是附加價值。這一點可以從高檔酒店、購房上看出。高檔酒店會為客人提供很好的配套服務，如以車接送，甚至有些五星級的酒店還會提供導遊服務。再比如買房，一些仲介公司會提供搬家服務。透過提供附加價值，商家向消費者提供一種無微不至的服務體驗，讓消費者不必為瑣事操心。這種無微不至的體驗所創造的溢價，要遠遠高出其為之付出的成本。

最後，體驗經濟最終的核心，是給消費者形成一種愉快的記憶符號。例如前文海底撈的例子，隨著時間的流逝，人們或許不會記住具體的細節，但這個品牌會在消費者記憶中留下有面子、受到尊重的感覺。再比如貓的天空之城，它提供好的氛圍，讓人們願意把重要的約會定在這裡，於是給消費者留下的記憶就不僅包含了它的服務，也包含了在那裡發生的美好記憶。這種美好的印象，就是一個品牌的符號，會吸引著消費者一次次回到這裡。即使只是一個小小的店鋪，也可以藉由對其體驗的精心優化，變成一個有故事的地方。

體驗經濟時代，深入理解好體驗經濟的要素和重點，把握好它的本質，就可以讓我們改變思維，實現由打工者向老闆的華麗變身。

理解共享經濟，不用上班就能賺錢

如今，共享經濟成為一個炒得異常火熱的概念，甚至十九大（中國共產黨第十九次全國代表大會）也給了共享經濟很高的讚譽。自從共享單車興起，「共享」一詞就人盡皆知了。

不過如同任一流行概念一樣，對共享經濟的解釋也五花八門。針對究竟何為共享經濟，可謂眾說紛紜。主流意見主要有兩種：

第一種解釋是，共享經濟的本質就是強調使用權，弱化所有權，簡言之，如果一個東西你只是臨時用一下就能滿足你的需要，那麼你就沒有必要去擁有它——共享比購買更划算。

第二種解釋是對第一種觀點的否定，認為這樣的說法實質上混淆了共享和租賃，而二者是完全不同的，因為共享強調的是充分利用閒置資源。

舉個例子，某公司有一個馬桶，並非總是有人使用，不過無論如何，一個公司總是要有馬桶的。現在公司將其開放，不僅公司裡的人能用，外來人員掃碼付款之後也能用，這就是利用了閒置資源打造共享經濟。不過倘若專門開一家公司，蓋棟樓，裡面全是馬桶，專門收費，那就不是共享經濟了。因為它沒有活用閒置資源，而是專門造出新的資源然後租給大家使用。這也是為什麼我們可以說「這是一家餐廳」，從不曾聽過有人說「這是一家共享廚房」。

知名互聯網評論家Keso針對共享經濟說過一句名言：「分享經濟是一個自

我否定的命題，到最後會變成所有被分享的，都是專門用於分享的。」這個論調相當悲觀，由此觀點來看，共享經濟就成了一個虛構概念，是澈底的泡沫經濟。

按此標準來判斷，如今的共享單車也並非真的共享。因為它也不是利用閒置資源，所有共享單車都是公司專門製造的，本質上還是短租。甚至連共享經濟的鼻祖，著名的Uber和airbnb在這個標準下都不算是純粹的共享了。當然，最初它們的模式的確是共享經濟。

airbnb是怎麼創立的呢？它是兩個創始人在大學開會時，發現有很多人找不到住的地方，於是將自己宿舍裡閒置的床鋪租出去，賺了幾百美元。兩人發現這個方法賺錢真容易，於是將其擴大化，進而建立了一個網站，就是airbnb。

起初，他們找不到房源，沒有房東願意和他們合作，他們就先從自己的親戚下手。親戚們賺到錢了，覺得不錯，於是便幫忙宣傳，就這樣一點一點擴散出去。最初階段，airbnb的確提高了閒置資源的利用率。但是情況很快發生了變化，因為airbnb越來越火熱，導致一個獨特的群體產生，這個群體就是二房東。他們把房子租下來，專門靠airbnb上的共享房間過活。原來的房東往往都有自己的工作，不以此謀生，這件事於他們而言僅僅圖個新鮮，所以他們往往比較好客。遊客住進去之後，可以體驗到本地人的生活。

而二房東則不同。如今倘若你去看airbnb，會發現很多出租房的房主都是同一個人，因為這是他們的職業。而你住到裡面後，或許根本見不到人。這種情況下，airbnb就變成了一家線上旅館。再到後來，很多旅館乾脆就把自己的房間放在airbnb上，於是airbnb變成了一個廣告牌。可以說，無論是變成線上旅館還是變成廣告牌，airbnb都不再是純粹的共享經濟了。

Uber和滴滴打車也是一樣。最初，他們確實吸引了很多非職業車主，這些車主在業餘時間用閒著的車子賺點外快。你叫車時，可能遇到不同行業的人，與他們聊聊各自的生活，他們也有這個閒心和你聊。

不過如今你再去叫車，你會發現十個裡面有八個都是職業的司機，他們的故事都是一樣的。由於有的人壓根沒有車，於是發展出一批專門租車給司機、讓他們開出去共享的公司。這些司機中很多都是附近地區的農民，所以一到農忙時節，滴滴叫車的時間會長得多。對這些人而言，這就是一份工作。結果Uber變成了一家巨大的線上出租車公司。

所以，原來宣稱是共享的東西，借助閒置資源起步，而一旦做大，往往很難依靠閒置資源存活。最後就如同Keso所說的：「所有被分享的，都變成了專門用於分享的。」

這並非說它不好，而是說它變成了一門普通的生意。

有人曾做過統計，美國一輛車的使用時間僅占一天時間的四%。中國因為堵車，這一比例會稍微大一點。這樣看來，人們原本預期共享經濟可以提高資源的利用率，結果卻發現並沒有那麼大的效果。那麼理想的情況應該如何呢？那就是汽車可以自動駕駛，每天早上送你去上班之後，自己跑出去接單，然後晚上下班的時候再回來接你，順便再接個共乘的單。不過當前的技術發展，還沒有達到那個程度。

這樣的標準是不是過於極端呢？西方諺語說：「沒有泡沫的啤酒不好喝。」共享經濟裡的確有泡沫，但是也不應將其一棍打死。畢竟，自從有了滴滴打車和共享單車，我們的生活就變得更便捷了。所以，對於共享經濟還可以有第三種理解：有需要，即可使用。例如需要騎自行車了，就很快能找到一輛不屬於自己的車，掃碼就騎，這樣就夠了。

以此標準來判斷，上述兩種觀點就不再矛盾了，而僅僅是共享經濟發展的兩個階段，就如同那個自動駕駛汽車，在初級階段，做不到充分激活閒置資源的時候，它帶有租賃的特徵；而後，隨著相關領域技術的發展，它就會傾向於真正的共享經濟。事實上，如今被一些人鄙視為在線租賃的行業，都是未來真正共享經濟的基礎設施。

共享經濟給我們帶來的機會分兩種，一類是省錢的機會，另一類是賺錢的機會。那麼，我們個人如何利用到共享經濟所帶來的機會呢？

前者很簡單，比如共享醫療，我們不必費時費力去醫院掛號，可以直接在共享醫療平臺上詢問專業的醫生，「春雨醫生」就提供這種服務。再比如我們都已經很熟悉了的共享交通。甚至還有共享辦公空間，像WeWork、soho等，大大降低了人們的辦公成本。

但是後者則需要花費更多的時間去尋找。最簡單的是我們之前討論過的

airbnb，無論平臺上有多少職業租房人，也不影響你把自己的一席之地共享出去。順風車也是一個不錯的選擇，此外還有共享物流，像雲鳥配送，每天上下班順路就可以獲得一筆快遞收入，把交通費省了。如果你要出差，一邊拿著公司的報銷，一邊扛一箱快遞，更是兩不耽誤。

這樣的共享收入都有一個問題，就是總收入太低，作為外快還可以，但要是作為主要經濟來源就有些不夠了。那麼共享經濟當中，是否還有收入更高的機會呢？當然有。

做「威客」就是其中的一個。威客是一個比較陌生的詞彙。那麼什麼是威客？威客的英文是witkey，直譯過來就是智慧的鑰匙。顧名思義，這種獲取收入的方式與知識有關。

威客們共享的是知識，透過在網上為其他人提供解決方案來獲取報酬。比如給公司起名、做logo、寫文案、想廣告語等等。之所以說它是共享經濟的一種形式，是因為它與普通的自由職業不同，每一件在威客網站上投標的作品都會認證版權，沒被選中的作品會自動進入共享狀態，還有被其他人選中的可能，而不是進入文件夾裡永遠閒置下來。

如果想要成為一名知識共享者，現在其實有很多種方式。除了傳統的大型威客網站，比如一品威客網和猪八戒網，知識付費平臺也是一種不錯的選擇，比如分答和知乎都推出了一人回答，多人旁聽的功能。

另外一種方式是共享金融，這個領域經過前兩年的大浪淘沙（按：在激烈的鬥爭中受考驗、篩選），已經發展得比較完善了。

它包括最基本的P2P。P2P是一種個人直接把錢借給個人使用的方式，去除了銀行仲介費、借款利率低、流程迅速，充分激活了個人的閒置資金。為了規避風險，平臺一般也提供分散投資和保險公司擔保的選項。P2P最重要的是要選擇可靠的平臺，才能保證投資不受損失。當然這種方式的投資報酬比傳統銀行要高出不少。

更高級的是股權眾籌，比如中國國內的3W咖啡館。通常股權眾籌針對的都是創業公司，不僅共享了閒置的資金，還共享了參與者的人脈資源。但是這類共享方式風險比較高，而且一般有資金數量的門檻，並不適合入門者。

在共享金融中成本最低，而且也最有意思的其實是普通眾籌。目前全球最大的眾籌平臺是kickstarter，kickstarter把富有創意的想法和項目方案收集到網站上，讓大眾可以向自己感興趣的項目投資，在這種模式下，最重要的不再是回報，而是讓支持者可以見證新發明、新創作、新產品的誕生。

可以用來眾籌的項目多種多樣，包括影視、音樂、出版、攝影、旅行、藝術等。這些項目一般都不大，從幾千、幾萬到幾十萬元都有，很多都是個人性質的，也就是一群人出錢讓一個人去做他們共同感興趣的事情。

做這些事情很多都不以盈利為目的。說到此，大家或許會質疑，不以盈利為目的的話，我們又如何借助它來賺錢呢？其實這需要大家換一種思維方式去看，我們賺錢是為了做我們想做的事，而眾籌平臺其實把賺錢和為想做的事花錢這兩件事合而為一了。或許新項目做完後，你沒有賺到什麼錢，但是這個項目本身就是你想要為之花錢的事情了。

例如某公司裡的一個二十幾歲員工，很喜歡騎行，想騎行川藏線。他把這個夢想以項目的形式放在眾籌網站上，承諾會與大家分享他的旅行照片，最終籌到了六千多元，自己又補貼了一千多元，於是在完成了這次旅行的同時，還結交到了很多朋友。

倘若從商業的角度來說，這是一個虧損的項目，可是騎行這件事原本就是他想做的，之前因為沒錢做不了，現在透過眾籌做成了。所以他不是虧了一千多元，而是賺了六千多元。而那些贊助他的人，往往也擁有共同的愛好，不過沒有勇氣或者沒有時間，僅付出十幾元就結交了一個有趣的朋友，還加入了一個有共同愛好的圈子，這就是一件共贏的事。

如今中國國內也有這樣的網站，比如追夢網，上述那位員工之前就是藉由這個網站實現了自己的夢想。用他的話說，在新的時代機遇裡，過自己想要過的生活，做自己想要做的事，這樣的機會有很多，很多時候我們缺乏的只是對這些新渠道的了解，以及一點點創意與勇氣。

所以，**你能否抓住不上班就能賺錢的四個機遇，全看你能否理解共享經濟。**

第五章

人沒有絕對的優缺點，只有相對的優劣勢

不少人看到一大堆數據就會頭大，但數據其實真的沒有那麼難理解，倘若用心還可以從中獲得相當多有趣的結論。

比如，馬雲曾經分享過這樣一個結論：在中國，浙江女性的胸最小。這個結論是如何得出來的呢？就是透過阿里巴巴的大數據，發現淘寶銷售的胸罩中，賣到浙江去的胸罩平均尺寸最小。

就這樣，很多用其他方法無法得到的訊息，借助數據分析，一目了然。

數據分析技巧，提升思維能力

當然，大數據對於我們的意義絕不只是可以獲得一些訊息，在理解它的過程中，我們還可以改變自己的思維方式。

有一首兒歌是這樣唱的：「因為所以，科學道理。」簡單的說，這句兒歌道出了我們習慣性的思維方式是「因為什麼，所以什麼」。這是用因果關係的方式思考問題，而大數據思維和這種思維截然不同。

大數據思維關注的是相關性，而非因果關係，意即它強調的是人與人、人與事物、事物與事物之間的相互關係。如何理解呢？一起來看一個例子：

某個夏天，科學家們在研究游泳溺水事件時，發現了一個有趣的現象。冰淇淋銷量的增長和溺水而死的人數增長趨勢完全一致，也就是說隨著冰淇淋銷量的增長，溺水而死的人在直線上升。

這是為什麼呢？難道是吃冰淇淋會導致人們淹死？當然不是。這一現象告訴我們，隨著天氣變熱，吃冰淇淋的人增多，游泳的人也增多，淹死的人自然就增多。在這裡，冰淇淋銷量和溺水人數之間存在的只是相關性，而非因果關係。

透過這兩個故事，你是不是已經對大數據產生了某種感覺？利用大數據提升實用思維，包含以下四個要點：

第一，傳統的因果思維是有問題的。傳統思維常常習慣在相關的兩件事之間建立因果關係，於是我們總是喜歡按「因為……所以……」的思維方式思考問題。但這個世界是複雜的，而且正受到越來越多的因素干擾，變得越來越複雜，所以很多時候對許多現象我們並不能準確找到原因。倘若一定要強行尋找原因，那麼結果必定適得其反。

就如同冰淇淋和溺水的例子，如果用因果關係的思維分析，就會做出輕率限制冰淇淋銷售的決策。結果，非但不會降低溺水人數，而且或許會因為減少了人們避暑的方式，造成溺水而亡的人數量增多。

第二，注重相關性，才是更有效率的思維方式。作為全世界最大的連鎖超市，沃爾瑪（Walmart）的數據分析師發現，當把啤酒和嬰兒紙尿褲擺放在一起時，會大幅提高二者的銷量。

為什麼會這樣？是因為帶孩子的爸爸變多了？還是因為人們在買啤酒的時候有點愧疚，希望展現一下自己有責任心的一面？沒人知道。

原因並不重要。沃爾瑪在發現了這一相關性後，迅速調整貨架布局，將這兩種貨物擺在一起，結果既提高了銷量，又便利了顧客。為此很多顧客讚嘆：「沃爾瑪居然知道我心裡在想什麼。」

實際上，沃爾瑪並不知道顧客在想什麼，也從不曾研究過造成這一現象的原因，但這沒關係，因為它並不妨礙沃爾瑪做出正確的決策，做出快速反應。

第三，相關性需要全樣本。何為樣本？樣本就是我們做觀察和調研的時候抽取的一部分數據，它對於做決策具有很重要的作用。在大數據當中，正是樣本規模的改變，導致了決策思維的改變。

而相關性是大數據最核心的特徵。不過你是否考慮過，既然相關性這麼重要，為什麼人們還是長期保留著因果性的傳統思維呢？按照進化的邏輯，像因果性這麼低效的思維方式，為何還不曾被淘汰掉呢？

其實，這就是大數據的關鍵。由於相關性不追究事物之間的邏輯關係，因此倘若想得到可靠的結論，就需要比因果性更大的數據量，就需要更全面的樣本。

過去，人類因為受到技術的局限而無法獲得足夠多的數據以支持我們的判斷。因此只好借助於探究和論證因果的方式達到目的。不過如今，隨著互聯網和電腦技術的發展，大數據和全樣本變得可能了，我們當然沒有理由不去利用這種便利。

是否會使用工具是人與猴子的區別之一，而會使用更新、更高級的工具，則是具備高框架思維的人和單點思維的人的區別所在。

第四，面對全樣本，需要我們有抽象數據的能力。過去磨鐵公司乃至於整個圖書出版行業都面臨著一個巨大的轉折。那時，大家都在爭論：書籍到底是不是一個產品？

就是在這種情況下，我在磨鐵公司的執行總裁張凱峰的支持下，創立了磨鐵黑天鵝品牌。而張凱峰之前是中國最大家電生產企業海爾的流程再造總監。

當然，如今談到書籍產品或許大家已經習以為常。不過在當時，正是張凱峰首次在出版業引進了產品經理這一概念。對出版業而言，將書籍當成產品來做，這是一個創舉。而這一創舉讓磨鐵在出版業大轉型時期領先了一步。

當書籍被當作產品來做，就意味著書籍的製作不能僅憑直覺，而要靠數據說話。當時，作為全面追蹤中文圖書市場零售數據的平臺，《開卷》已經存在了十幾年。它為出版業提供不同通路和不同時間的數據。

不過當時圖書行業對於數據的利用主要用於書籍上市後，在數據平臺上監測銷售的好壞，這決定著是否趕緊加印，以避免市場上斷貨。

結果，如此好的數據平臺，卻只是起到了這樣一個作用，這真是相當遺憾。

為什麼數據沒有得到充分的利用，沒有參與到製作流程裡呢？就是因為當年相當多編輯不清楚如何解讀這些數據，缺乏解讀抽象數據的能力。

還有一個特別有意思的事實，很多經濟類、電腦相關的書賣得比較好，一方面固然是由於讀者群剛需（Inelastic Demand，剛性需求。指在商品供求關係中受價格影響較小的需求）較大，另一個重要的原因還在於人們出於提升理解數據的能力需要。或許是學科背景的差異，你會發現在很長一段時間裡，就平均水平而言，出版製作此類書籍的人比做人文社科類圖書的人更能理解數據。

同樣的大數據，在看不懂的人眼中，就是一堆亂碼，但是在有解讀抽象數據能力的人眼中，就有了週期，有了規律，還蘊藏著讀者的需求。原因就在於這些人具有宏觀性、系統性的思維。

具備這種能力的人可以不斷的從數據中得到整體性的反饋，如此一來他們的成長速度相比僅透過做一本本書、一個個產品積累感覺的人就要快得多。

當年張總在磨鐵公司工作了三年，主要為磨鐵樹立了這樣一種數據意識，同時訓練了一批有系統性思維和數據抽象能力的編輯，開風氣之先。正是靠著這些人，磨鐵做到今天，估值十億美元，成為出版業的龍頭老大。

讀客圖書是另外一個靠數據成功的例子。今天，讀客圖書估值超二十億元，在業界號稱單品之王，其創始人華杉、華楠兩兄弟均是做管理諮詢出身。

因此，千萬不要認為有了全樣本就夠了，你一定要同時具備理解數據的能力。因為小樣本的本質是訓練人的感覺，大樣本的本質是訓練方法、訓練思維方式，而要建立抽象數據的思維能力，是需要練習的。

為此，你一定要多思考、多分析、多積累感覺，最關鍵的是要敢於把想法說出來，拋磚引玉，在別人指正的時候又能夠虛心的接受，把握好自信和謙卑之間的平衡。

鑑於數據分析能力比較抽象，一個人練習極易走進死胡同，所以一定要與他人交流，互相矯正，下面這個小練習不妨一試。

下載一個國務院App（適用中國），找一個人，利用每天睡覺前五分鐘的時間，看一個小的數據總結，比如去年的房地產數據、保險業數據、統計局數據等，以此培養自己的數據分析能力。隔日再抽出十分鐘，與對方互相討論。

有朋友擔心無法找到此類數據集，沒關係，如今每個行業都有自己的數據報告，查看出版業數據報告可以看噹噹和京東的圖書排行榜，查看知識付費類數據可以觀測收聽量，甚至連傳統行業，也可以在「在行」、「分答」這樣的平臺上約見本行業的大咖向其請教。所以無須發愁沒有數據可看。

最後我要提醒的是，在進行大數據分析的時候，要注意把握好追求精確和模糊性之間的平衡。

邁爾・舍恩伯格（Viktor Mayer-Schönberger）在《大數據時代》（*BIG DATA*）一書中提出，大數據具有模糊性，可以不追求精確。但是簡體中文版的譯者在序言中反駁了他的這一觀點，認為大數據不能拋棄精確。對此，相當多的人持有異議。

事實上，二者並不矛盾，就本質而言，這是一個成本權衡的問題。數據越精確，需要的數據量就越大，但數據的收集成本也越大，我們最終追求的是以最高效率達到可靠結論，所以如果能做到精確，當然可以，但最重要的是要權衡這樣做的成本和收益。

結構化思考，讓你的思維更有邏輯

為什麼我們常常肚子裡有一堆的話，想說出口的時候，卻不知道從哪開始，結果費勁說了一通，別人什麼也沒聽進去？

其實這和結構化思考有關，人類天生習慣按照規律做事。我們可以先找出一個小規律，然後慢慢在這個基礎上疊代（按：重複反饋過程的活動，其目的通常是為了接近並到達所需的目標或結果）修正，就會越來越有條理。

結構化思考，就是把碎片化的東西整理成知識體系的過程。「筆記」這一人們運用非常普遍的工具，就可以很好用來說明結構化思維的問題。

在我們的工作生活當中，很多朋友都會做筆記，把一些好的想法記錄下來。但是幾天之後，再回去看自己的筆記時，會發現一個問題，自己都不知道這些筆記記的是什麼，有時還會詫異，自己竟然還寫過這些？

我們公司銷售部的同事在賣課程時就經常遇到這種情況，我常對他們說：

「你們要去幫助用戶，而不是藉這個機會讓用戶買單，如果你們沒有一種幫助用戶的心態，是完成不了業績的。」

但實際上，他們經常在與用戶聊天的過程中，急於讓用戶購買課程，這反而導致用戶不信任我們，銷售的業績也難以達到。這是心態的問題，而這個心態問題，其實我們在日常的銷售培訓中講過多次，但一些銷售同事就是做不到。

我們都知道，在銷售過程中心態是至關重要的，《鋪梗力》（*Pre-suasion*）這本書中就講到心態建設的重要性。銷售如果很難調整好自己的心態，那又怎麼能讓用戶買單呢？所以，我一直和銷售同事強調，課程售賣時要注重，我們的課程只賣給有需要的人，絕不賣給不需要的人。

後來我問他們，我講了那麼多銷售的方法，你們做過紀錄嗎？他們告訴我，他們也有記錄，但都是碎片化記錄，沒有系統性的整理過。我告訴他們，在接下來的培訓和學習中，不僅要記錄，每週還要形成銷售工作方法論手冊，把銷售方法分類歸納整理，每週吸收一個新知識，把新學的知識歸入到已有的知識體系當中，反覆背誦，形成長期記憶，最後轉化為自己的技能。

各行各業都有一些能體現結構化思維的口訣，比如做市場的人就有這樣的口訣：「第一步是市場洞察，然後做競品分析，最後形成自己的市場方案。如果沒有這種結構化的思維，真正做事時就會丟三落四。」

個人發展學會的產品經理們要開發一個新選題時，必須有幾個模組的選題報告，寫選題報告時，有幾個方面的內容一定要填寫，比如作者簡介、市場調查、競品分析、課程賣點、目標人群定位，這也是結構化思維在選題開發時的運用。

前面提到的那些自己回頭看，都不記得自己筆記記了些什麼的人，他們的筆記就是碎片化的筆記，是零散紊亂、不成體系的，如果經過結構化整理，它就有了內在的邏輯關係，也更便於記憶。在平時生活中運用時，也能夠更自如的調取這些心得和方法。所以，那些看上去你花了力氣，但是沒有多大價值的筆記，反映的正是你的結構化思維的問題，學會整理和規畫，將訊息結構化處理，你的思維才會更有邏輯。

你可能會有疑問，要怎麼才能學會邏輯縝密的結構化思考方式呢？其實，人類是習慣性按規律做事的生物，你可能一開始無法一步到位，但你只要試圖把你的心得和方法整理成一二三的結構，養成這個習慣之後再去不斷重複即可。

你一次一次去整理，不斷優化和完善，養成習慣之後，未來就能記憶更多的東西。我們個人發展學會也和世界記憶大師合作過一個記憶力課程，在合作過程中，我發現他的記憶方法就是讓訊息具有內在結構，他說：「擁有結構化思維就源於持續不斷的訓練。」

溝通能力說到底，還是你的思維能力

很多人知識豐富、專業能力出眾，但在和老闆、同事溝通的過程中經常不順利，使得工作很難推進。

有人問巴菲特對於二十幾歲剛畢業的年輕人有什麼建議？他說：「學會投資自己！還有一個讓你至少能比現在富有一倍的方法：磨練你的溝通技巧，無論是書面的還是口頭的。如果你不會溝通，就像是一片漆黑中對女孩拋媚眼，什麼都不會發生。光有超能的智慧是不行的，你還需要靠溝通，把它傳播出去。」

馬雲也曾在公開場合演講時說過，阿里巴巴有幾萬年輕人，從概率上看很有意思，情商高的人，往往很容易成功也很容易失敗；而智商高的人不太容易成功但也不太容易失敗。因為智商高的人有套路，有自己的知識結構，他按照套路一步一步走也不會有太大問題。情商高智商低的人很危險，而智商高情商低的人則是個麻煩，他們永遠都會認為自己懷才不遇。

在互聯網時代，我們已經擺脫了金字塔式的人才模式，每個人都是網路世界裡的一個節點，我們自身的價值取決於連結資源的數量和品質，而溝通是連結一切的根本，只有具備良好的溝通能力，才能提高連結的效率。溝通是一種需要持續修煉的能力，它的提升不可能一蹴而就，需要長期修煉，可很多人卻連提升溝通力的意識都沒有。

與過去的溝通相比，現在的溝通方式變得更加多元和複雜。其中包括了面對面的溝通、線上的語音溝通、影音溝通等各個維度。數位化、網路化、多媒體化已經成為大多數溝通的基本特質。如果你具備全方位的溝通能力，那你的連結效率就自然而然會高很多，做事也更容易成功。

伴隨著社會的進步，你只有與時俱進的升級自己對溝通的認知，不斷提高溝通技能，才能持續獲得更多資源和回報。其次，我們還需要明白，所謂溝通，就是消除鴻溝，讓訊息傳達變得更加通暢，從而放大自己的個人影響力。

接下來，我為大家分享四點提高溝通能力的方法。

第一點，要學會設標籤，為自己立人設。你不僅要去適應這個時代，也要讓這個時代適應你，記住你。

第二點，擁有自己的原則。如果你沒有原則，就會發現自己的思維系統是紊亂的，別人也很難知道用什麼樣的方式與你溝通。要讓自己的原則和標準成為你的框架基礎，學會建立框架意識。

第三點，好的溝通也需要具備一定的營銷意識。抖音的出現讓平民百姓一夜爆紅變得稀鬆平常，這告訴我們，人人都要學會營銷。很多人不會誇自己，也不會包裝自己。他們認為溝通只要學習技巧和話術就可以。其實，你的頭像、個性簽名以及發朋友圈的內容等，都是包裝自己的重要方面。

第四點，學會注重弱關係溝通。弱關係是一種公開場合的溝通連結，微博、朋友圈、QQ空間（微部落格系統）這些都屬於弱關係場合。過去，在公共場合發表言論，是公眾人物才會有的事情。可如今，你就算發一個朋友圈，甚至在朋友圈中留言回覆，也都是在溝通，而一些不恰當的言行就會對你的未來造成負面影響。

我的朋友圈中大概有三千多個好友，幾年前我發過一個朋友圈，內容是兩個男同事在聚會時做搞怪親嘴的動作，我覺得好玩，就分享到朋友圈了，結果朋友圈中突然有個朋友在下方留言：「我們兩個就此友盡，我決定把你刪除好友。」一

原來，這位朋友並不喜歡這類內容，他認為我有惡趣味，所以跟我打了個招呼後就把我刪了。這位朋友還算有禮貌的，很多人在刪好友時，往往一聲招呼都不打就直接拉黑。透過這件事情我明白了一點，朋友圈不只是自己的私人領地，所以，發布的內容不能太隨意，否則容易影響到弱關係朋友對你的印象。也許你只是單純覺得好玩，但是在別人眼裡，你就是低俗胡鬧，長此以往，朋友圈中的弱關係就會受到極大損傷。

當微信好友達到了五百人以上時，你的朋友圈就變成了一個公共場合。在這

種場合，你表達自己的時候，就不能只是局限於自己的玩樂。而要像公眾人物一樣注意自己言行。

有人可能認為物以類聚，人以群分，那些人把我刪掉也無所謂，這樣的想法是站在強關係的角度看問題。但不是所有的關係都是強關係，也不是留下來的才是真正的朋友。朋友圈好友的弱關係維護就像你站在一個五百人的會場講話，這時候，你還會不注意自己的表達嗎？我們要分清什麼是私密場合，什麼是公眾場合，真正的社交場景中，線上和線下其實沒什麼區別。

溝通是件伴隨我們終生的事。隨著社會進步，溝通的方式和場景不斷變化。所以，保持終身成長的心態，不斷錘煉和打磨自己，你才能成為一個情商高、會溝通的人。

理解稀缺性、選擇權和比較優勢，助你精準決策

跨年的時候，我和幾個朋友在酒吧聚一聚，酒吧電視裡的記者吳曉波正在講

未來的經濟走勢，一個朋友看了半天轉頭問我：「明年經濟真的會像他們說的那麼差嗎？」

同樣的問題，我問過清華大學著名的經濟學導師韓秀雲，她當時對我說了一句話：「冬天來了，春天還會遠嗎？」

二〇一八年冬天，我們個人發展學會非常榮幸能夠和韓秀雲老師共同研發了一套經濟學課，韓秀雲老師是中國國內最權威且為數不多的女性經濟學家之一，她還在清華大學第一年教書就獲得了優秀教師獎，這是一般老師三十年才能獲得的殊榮。

她從來沒有被菁英主義思維影響而帶有對大眾的價值偏見，相反的，數十年來，她一直兢兢業業的努力向大眾普及知識。在這裡我想跟大家分享一下這段打磨課程的時間中，我從韓老師那學到的幾點特別精僻的感悟。

這些感悟，我歸納為三個原則，分別是稀缺性、選擇權和比較優勢，在未來面臨選擇做任何決定的時候，稍微思考一下這三個原則，可以讓你的決策更精準，一輩子都受用無窮。

從個人成長的角度來說，我是這麼理解經濟學中的這三個詞的：

第一個是稀缺性。先講個故事，曾經一個飲料商花了大力氣，將自己的飲料置入了人流量非常大的超市裡銷售，售價是三元一瓶，每天賣出去的瓶數寥寥無幾，公司持續虧損。後來他換了思路，將同樣的飲料供貨給五星級飯店的水吧（按：相較於酒吧賣酒，水吧主要賣飲料、茶品、水等），一瓶可以賣五十元，這裡的顧客數量和超市裡相比相差了數千倍甚至數萬倍，但他意外發現，銷量卻更好。

可能有人說是五星級飯店的環境為飲料增加了附加值，但大家是否認真思考過，除了外界所處環境的附加值，還有什麼不同？

超市裡客流量雖然大，但是各種飲料琳琅滿目，有幾百種之多，顧客可以選擇的範圍非常廣，而且大部分顧客都習慣了選擇超市常年重點推薦的可口可樂這種品牌，只要你的飲料在超市得不到很好的推薦，銷量差也是可以預見的。

但五星級飯店的水吧裡大多數賣的是威士忌、葡萄酒等酒類，飲料的種類寥寥無幾，同類型的飲料更是只有他一種，所以，只要不想喝酒的顧客，很大概率會選擇這種飲料，即使服務員沒有主推，因為飲料本身在菜單上的稀缺性，很容易被用戶發現從而購買。

同樣的道理，我們在**選擇工作時**，也要時刻記得**我們需要的是那些最能夠體現自身價值的工作**，而不是盲目選擇大平臺還是小平臺，**哪裡能夠體現你的稀缺性，哪裡就是你最好的去處，有時候，你的價值不是由你的能力決定的，而是由你的稀缺性決定的。**

講到這裡，相信大家對於稀缺性有了一個大概的認識。

就如多年以前，我在知乎上看到的一段話：「第一，資源是稀缺的，包括注意力、信賴、金錢、權力、美譽、感情、智慧；第二，資源是長腳的，會自動向更能駕馭它、發揮更大效用的人手上匯聚。這個過程往往無關正義道德，可能血淋淋也可能傷及無辜，但無法阻擋。了解了以上兩點，能免於狹隘、偏激、自欺、懶惰和公主病。」

透過這句話，就我們個人而言，唯有累積自己能力的厚度，讓它具有稀缺性，一切資源的問題都不是問題。所以，在未來，我們要不斷打造自己的稀缺性，重視個人能力的積累，從而獲取更多的資源，因為資源是長腳的，它會不斷向稀缺的人靠攏。

第二個就是選擇權。選擇權對應著自由，我們每一個人努力奮鬥就是讓自己擁有更大的人生選擇。這是從經濟學角度對人生奮鬥意義的一種詮釋。

前文提過的富豪和漁夫的故事，就可以讓我們理解選擇權。漁夫一輩子在同一個地方釣魚；富豪的人生，在繞了一個大圈之後，雖然有可能回到漁夫所在的地方釣魚，但是他可以選擇世界上更多地方、以更多形式釣魚。漁夫一輩子都無法理解富豪所擁有的選擇權背後帶來的價值與意義。

要知道，生命的旅程就是一場體驗。在做每一個決定的時候，是聚焦在當下的得失，還是讓自己的未來擁有更多的選擇權？其實，經濟學讓我們抽離於漠視時間軸的單點式的數字算法，讓我們學會從一個更高、更長的維度來給自己的人生定價和計價。這也讓我進一步理解了韓老師常說的一句話：「能大方分享吃、大方分享金錢的人，往往一輩子不愁吃不愁錢」背後的道理。

有句俗話叫：「少年壯志不言愁。」這句話可以引申為，一個人年齡越大，職業經歷越豐富，未來的選擇就越少，因為隨著年齡和閱歷的不斷增加，身上的負擔就會越重，做事情就容易被掣肘，不像年輕的時候擁有無限的可能。所以，在未來，隨著我們自身閱歷的不斷增加，我們的選擇權就會因此而受到限制，因為會有很多東西讓我們難以放棄，理解了這個道理，我們接下來在做選擇的時候，就要學會去擴大自己的選擇權。

前兩年我離開磨鐵之前，我的老闆要給我股份，現在這些股份已經價值幾千萬元，我身邊有朋友就問我：「當年你離開磨鐵豈不是丟了一大筆錢嗎？難道不會覺得遺憾嗎？」

我對朋友說，我一點都不覺得遺憾。因為當一個確定性的東西擺在我面前的時候，我就能想像得到在未來五年的時間裡，我的生活大致就是這樣了，我失去了更多的選擇，因為我被鎖死在那裡，很難擁有更多的可能性。雖然那一刻我會很開心，但是我知道我的幸福感會越來越弱，因為這就是一個選擇權的問題。你選擇穩定時，其實就是放棄了更多的選擇權。我一直和年輕人講，不要因為一時的利益得失而盲目做選擇。

大家在權衡考慮的時候，會很容易忘掉時間軸，大多數人都會低估自己十年之後能取得的成就，高估自己一年之內創造的可能。

什麼是一份好的工作？好的工作本身能夠給你高薪待遇，同時也能給你更多選擇權。如果這份工作只有一個很高的待遇，但是沒有給你的未來提供更多可能性，那我寧可選擇一個薪資低一些，但是未來讓我能有更多選擇權的工作。

我從韓老師那裡學到的第三個知識就是比較優勢。我很喜歡她說過的一句話：「**人沒有絕對的優缺點，只有相對的優劣勢。**」比較優勢其實就是從相對優勢的角度，讓我們更好的看待自己。因為優缺點都是相對的，我們沒必要執迷於自己是否完美，對一個人的長期發展來說，最好、最快的方式就是基於自己的優勢正向發揮。

我們公司有專門的抖音製作團隊、音頻節目製作團隊和新媒體團隊，每一個部門都有自己的操作邏輯和做法，有的同事抖音玩得很好，有的同事音頻節目做得很好。如果做音頻節目的同事，看到別的同事抖音做得很好的時候，不假思索的也跟著去做抖音，在我看來是不合適的，因為這樣性價比不高。

每個人都有自己的特長，這個時代需要的是協同合作，互相進化，不需要你什麼都會，發揮自己的專業特長就好。同樣的道理，個人發展學會經常會有粉絲朋友向職業輔導師傾訴，看著周遭的人都在學習，不斷進步，自己每天都很焦慮，買了很多書，聽了很多課程，結果卻是越來越焦慮。

面對這樣的朋友，我通常都會告訴他們，要認清自己的比較優勢，高手不是什麼東西都會，而是清楚自己要什麼，自己的核心優勢是什麼，然後把核心優勢不斷放大，在自己的領域裡面創造更多的價值，沒必要什麼東西都學。

韓老師還告訴我，「有瑕疵的光芒，好過刻板的完美與無瑕疵！」她不斷叮囑我創業中要「用人用其長，一個好的團隊不在於找到與你完全一樣的人，而是找到更多彼此互補的人。」她真是一個不可多得的老師，讓我對比較優勢這樣一個經濟學上的專業詞彙、一個日常生活中容易一瞥而過的詞，深刻理解到不能再深刻。她讓我明白了既然大家都要發揮自己的比較優勢，那就不要試圖讓自己變成一個完美的人。

有血有肉的人通常都有缺點，我做節目的時候不需要像高曉松一樣幽默、像羅振宇一樣引經據典，我只需要有自己的特點，發揮自己的亮點就好。在ＩＰ化時代中，很多人成功不是因為有多完美，而是因為他的某一個特質很吸引人，這個世界上從來不缺乏完美的人，真正缺少的是真誠無畏的善良和同情。

韓老師非常看好內容經濟，她認同未來是個人ＩＰ化的時代，是人為品牌注入靈魂；歷史上很多品牌都是個人的名字，而在互聯網時代，人會讓品牌回歸感性，變得更感性。這也是為什麼很多的企業家網紅頻繁出現，當今世界上很多偉大的公司，其創始人都是企業家網紅。這是我從一個理性的經濟學家身上，捕捉到的一種犀利洞見。

許多人說，經濟學帶有純粹主義的抽象和脫離了細節與真相的理性，事實正相反，它從來沒有脫離真實和感性，它理解人的非理性，基於人的非理性，讓我們更全面客觀的認知理性與感性的邊界與差異。

韓老師認為要做課程就要做爆款（爆紅商品），這與我們接下來的目標不謀而合，而她卻從經濟學的角度告訴我背後的經濟學理論支撐，因為它像雪球一樣從山頂滾下去之後，這個好的產品的邊際成本趨近於零！

我寫這篇文章是在二〇一九年一月十三日凌晨兩點，我收到公司音頻製作的同仁在微信群中的留言，他說：「韓老師還沒有休息，今天錄製了很多遍！」我和我的同仁們親眼見證了韓老師第一次挑戰錄製音頻節目的過程。

為了保證節目的製作進度，她在青海三公里海拔的高山錄製過節目、在臺灣最南端面對太平洋錄製過、在香港燈火通明的維多利亞港錄製過、在清晨散發著芬芳的清華園裡錄製過，她曾為一期音頻錄製過不下三十次，這就是六十多歲的韓老師的堅持和努力。

完工後，韓老師與我們小伙伴們聚餐時，她把一句話送給大家：「無論怎樣的境遇，人生最重要的是享受與體悟當下的快樂，沒有必要在當下焦灼於未來，每一個當下的瞬間才是人生。再壯碩的身軀都有需要面對的緊張和挑戰，會享受的人也會奮鬥，因為奮鬥本身也是一種享受。」

第六章

與人相處，沒有理所當然，只有心甘情願

如今，社交紅利已經成為這個時代最火熱的話題，微信、微博、頭條、百度、快手、抖音等App均是社交紅利的受益者。那麼究竟何為社交紅利？任何趨勢的爆發都會帶來大量紅利，我們如何在這一過程中抓住自己的社交紅利，為自己的人脈網加分？

中國社群經營高手徐志斌曾在其作品《社交紅利》一書中，介紹了關於社交紅利的一個公式：社交紅利＝訊息・關係鏈・互動。

由此可見，社交紅利的本質，就是讓訊息在關係鏈中流動。這聽上去比較抽象和枯燥，讓人摸不著頭腦。那麼，我們究竟該如何通俗理解這一概念呢？

社交紅利，為你的人際資源關係加分

請看這樣一個小問題：一條微博只有一百四十個字，能容納的訊息非常有限，但它為什麼仍然能得到廣泛的傳播？許多人給出的答案或許是碎片化。碎片化時代，利用碎片化的時間，人們願意傳播碎片化的訊息。

這種說法沒錯，但不夠全面，不全面之處在於，這些訊息就字數來說是碎片化的，但就內容來說，它並不像本身看上去那麼碎片化。

正像很多業內人士分析，微博上發布的內容雖然僅限一百四十個字，但發布訊息者個人的專業、情感、價值、判斷、喜好、歷史等關鍵要素均會依附在這條訊息之上，流動在好友（關係鏈）中。看到訊息的人也會將自己對這個人的信任及專業、情感、價值、判斷、喜好、歷史等要素做出回應後再傳遞下去。

這些所有關鍵要素都是附加上去的訊息，它們本身不以成文的形式體現在內容裡，而是透過接受訊息一方本身對於發布者所具有的認知，把這些訊息自行補充進去。

單看那些不足一百四十個字的微博訊息，它們確實相當短小，但它們所欠缺的部分，會在關係鏈中被補充完全。

由此可知，在社交時代，關係鏈本身就是訊息的一部分。倘若你的朋友轉發了一篇文章，與你在公眾帳號裡自己看到的一篇文章相比，雖然文章相同，你從中獲得的訊息和它對你的意義都不同。這句話是誰說的與這句話說了什麼同等重要，有時候甚至更重要。

大家或許都遇到過這樣的時刻，你在微信裡第一次看到某篇文章，因不感興趣，於是沒有打開它。但是過了數小時後，你發現你竟然被那篇原本不感興趣的文章洗版了，於是你又將它打開讀了一遍。

此時，你讀的就不只是這篇文章本身，而是在了解你的朋友的喜好。這時你的行為不僅是一個閱讀行為，更是一種社交行為。除了文章，像遊戲、電影均是同理。

眾所皆知的遊戲「王者榮耀」紅了之後，以「你為什麼要玩這個遊戲」為問題，針對遊戲玩家的調查，得票率最高的回答是：「因為我的朋友在玩。」同樣，中國電影《戰狼二》票房逼近六十億元，成為中國有史以來票房最高的電影，會將那些甚至從來不看動作片的人也吸引進電影院，很大程度上是由於周遭的朋友都去看。

這就是社交帶來的力量！透過關係鏈的傳播，流量會帶來新的流量，引爆會帶來更大的引爆。

正如六度分隔理論（Six Degrees of Separation）所說，借助於關係鏈上的六個人，每個人都可以連接到世界上任何一個人。從社交紅利的角度上看，只要你的內容能夠引起人們的互動，那麼這種互動本身就會增強你的內容的吸引力，帶來更大的傳播，為你帶來更多的社交紅利。

那麼，如何才能夠有效利用社交紅利服務於我們自身呢？答案是要讓你的內容自帶傳播屬性。為此必須做到以下兩點：

一是內容要有價值，即要有功能性，用戶不會轉發對他毫無價值的東西；二是內容要能引起人的情緒，因為只有引發人們共鳴的東西才能獲得廣泛的傳播。

不過，要想做到這兩點，就要抓住人們共通的基本需求點。比如，應用程式「朋友印象」之所以非常火紅，原因就在於它讓人們可以獲知好友對自己的印象，因而獲得病毒式的傳播。

心理學研究表示，「別人是怎麼評價我的」幾乎是每個人都關心的基本需求點。於是，基於這一心理焦點問題，差不多每隔幾個月都會以新的形式火紅一次。僅朋友印象這一應用程式，就已經針對這個共通的需求點開發出好幾款成功的產品了。

當然，其中與情感的力量密不可分，例如朋友印象推出的「你猜他會用哪三個詞形容自己」，詞語都是給定的，讓用戶進行選擇，而這些詞語幾乎均為褒義的詞語，因而滿足了人們的虛榮心，將互動變成對彼此的讚美，從而滿足人的情感需求。

朋友印象還滿足了人們的窺私欲，它設計的許多產品都不是只有一方能看到結果，而是雙方輸入各自的答案後產生比對，然後透過這種方式探知對方的想法。在此過程中，朋友印象本身並沒有給出太多的訊息，真正有價值的訊息都是雙方在社交互動的過程中自行補充進去的。

以類似的方式贏得社交紅利的還有「你懂我嗎」這一應用程式。可以說，近幾年來像「你懂我嗎」這類應用程式已經無數次被大量分享，但人們依然樂此不疲，這足以說明其中反映的是人們共同的心理需求，它們本身自帶價值和情緒。而且這種應用程式的聰明之處在於，它具有極高的變異性，可以在社交過程中透過關係鏈自行產生新訊息的玩法，方法相當巧妙，你甚至可能因此將自己所有朋友的朋友印象都打開回答一下。

這體現了社交紅利的另一大特點，即與原生的內容相比，在關係鏈中產生的內容可以提高用戶的重複使用率。

除了應用程式或者小遊戲，相當多具備社交屬性的東西都具備同樣的特點，比如表情包。我曾於幾年前看到漫畫家白茶畫的「吾皇」，當時吾皇還默默無名，僅僅是一個漫畫裡的形象，不曾衍生出如今紅遍大江南北的表情包。不過我當時就發現了它的社交屬性，認為這個形象一定能火，為此還試圖將它的版權簽下來。但可惜基於某些原因沒能成功。

吾皇的火紅與互聯網和社交互動同樣密不可分。這一形象如此可愛調皮，就像在與你打招呼，套用二次元的話講，它還很傲嬌。這就讓它天生具有互動性。這一特點決定了其價值不會單純停留在漫畫上。相比朱德庸的漫畫，白茶的吾皇不具備太複雜的劇情內容，其成功之處在於可以引起人分享轉發的情緒，而它傳遞的大部分意義，實際上都是人們在社交互動當中賦予它的。

在不同的社交互動場景中，儘管相同的表情具有不同的意義，但都可以喚起人的情緒，於是就提高了人們的重複使用次數，促進了傳播。從這角度來說，互聯網和社交改變了漫畫，使很多漫畫的風格轉向能夠引起情緒共鳴的表情。

然而，只是有價值，有情緒，能夠產生互動的訊息還不夠。除此之外，為了獲取社交紅利，你還必須避免自己陷入一些坑。

同樣以朋友印象為例。不久前，朋友印象推出了一個活動，讓用戶設置自己喜歡的電影，然後分享給其好友來猜。初看與之前的模式不存在任何不同，但奇怪的是，這一次卻沒能火起來。原因是什麼呢？

問題就出在這次活動的門檻上。很多人看過的電影並不多，對於這部分用戶來說，這不是一個選「我喜歡什麼電影」的遊戲，而變成了選「我看過什麼電影」的遊戲。而且，無論我們本身是否認同，我們都會意識到社會文化中，對於不同的電影的評價是不一樣的，或高或低，並不相同。

這裡就出現了一個干擾社會互動的因素，我們會意識到自己在選電影的時候是處在與他人的比較之中。不同於選擇喜歡貓還是喜歡狗，選擇喜歡的電影會讓我們產生很多顧慮：「我選擇這個電影，會不會影響我在他人心中的形象？」或者「我猜他喜歡《小時代》。」、「他會不會覺得我認為他很low？」這些顧慮就成了分享和互動的阻礙。

有人或許會質疑：二〇一三年的爆款「微信打飛機」、二〇一四年的爆款「圍住神經貓」，以及二〇一六年的「反應速度測試」，這些爆款遊戲中同樣有與他人比較的因素，而且這種與他人比較的排名還是它們成功的關鍵因素，為什麼到了「選電影」這裡就不行了呢？

這同樣要考慮到人的心理需求。的確，人人都喜歡與他人比較，而在比較中希望自己贏更是一個很好的需求點。但是人們在需要鼓勵優勝者的同時，為失敗者匿名。這就是一種「我做得好的時候希望別人知道，做得不好的時候不希望別人知道」的心理。而也這就是為什麼很多排行榜只排前幾名，不排倒數幾名的原因。一旦一個遊戲無法給失敗者提供匿名的空間，那麼人們參與時就會心存顧慮，朋友印象的選電影遊戲，因為給使用者造成了巨大的心理壓力，所以沒能紅起來。

當然，僅僅給失敗者匿名還不夠。雖然人們都喜歡與他人比較，但前提是自己有機會勝出。對於那些不能給自己帶來榮耀感的遊戲，人們是不願意參與的。

因此在滿足用戶與朋友比較的社交需求時，一定要注意用戶之間的差距不能過大，只有讓每個人都有可能贏，遊戲才能玩得下去，才能被廣泛傳播。像Wings打飛機這樣的遊戲，都會有一個刷新機制，而且成績在很大程度上依賴於隨機的運氣，不能讓少數用戶一直遙遙領先，打擊大多數人的積極性。而朋友印象的選電影遊戲就沒有做好這一點，因為一個人的電影積累量是不可能迅速提升的，在一款遊戲短暫的生命週期裡，那些看過很多電影的用戶始終遙遙領先於其他用戶，看過更多更好的電影，塑造了更好的個人形象，沒有任何辦法把這些人刷新下去，其他人上不來，怎麼辦？那他們就不會再陪你玩這個永遠也贏不了的遊戲了。

實際上，此錯誤從爆款社交類遊戲誕生的第一天起就發生過了，而且這個錯誤還導致了兩億美元的損失。

二〇一二年二月，美國誕生了一款叫做「Draw Something」的社交遊戲，在這款遊戲裡，用戶把自己的塗鴉發給好友，讓他們來猜測自己畫的是什麼。實質上就是美國版的《你畫我猜》。這款遊戲九天內就獲得了一百萬用戶下載，五十天內獲得了五千五百萬用戶下載，隨後被著名遊戲公司Zynga以二・一億美元的價格收購。

當時的媒體報導中，最為人津津樂道的就是，每天這款程式分享了多少高品質的畫作。最初，這種炫耀行為吸引了很多用戶參與，不過畫畫畢竟是有門檻的，用戶之間的差距很大，而且短時間內無法抹平，許多高品質的畫作被分享後，大部分普通用戶的參與度反倒降低了。因為他們覺得：「反正我畫不了這麼好，我幹嘛還要浪費時間。」

微信之父張小龍在微信（微信為張小龍的發明，可參閱《微信傳奇張小龍》，大是文化出版）的內部演講中也談到過類似的觀點：降低門檻，降低差距。他認為微博之所以興起，是因為相比於博客，它的門檻降低了。然而一百四十個字還是太長，就算有些用戶還是能把這一百四十個字寫得非常精彩，還是會給其他人帶來心理壓力。所以微信鼓勵用圖片分享，因為手機拍照片沒有門檻，也很難體現出差距。

而隨著手機修圖軟體的增加，微信又開放了小短片重新拉平了用戶的差距。當然，讓騰訊和張小龍措手不及的是，隨著4G網路的成熟，再到5G網路建設的開始，小視頻成為風口，抖音和快手分別又在一個新的媒介維度上降低了用戶的參與門檻，成就了這兩年橫掃網路的全民爆款App。這裡的邏輯是一貫的：想要提高用戶的互動，就不能讓大部分用戶有壓力，不能把互動的舞臺只留給少部分的人。

這背後的社交邏輯是，訊息透過分享在關係鏈中傳遞，假設大眾內容的互動者人數是小眾內容的兩倍，在十次分享後，用戶的數量就會相差一千倍，差距是以指數級增長的，這就是社交紅利必須強調抓住共通的基本需求的原因。

用語言說服他人，用身體語言塑造自己

產品需求這一話題，是我在工作中經常會和同事談到的。每當談起這個話題，我就想起自己做圖書編輯的經歷。

當年我在做圖書編輯時，每打算簽一本新書，總會有同事對我說：「我就是這類圖書的典型讀者。來，說服我，告訴我為什麼要買這本書？」這意思好像就是說，如果你說服我了，我這個群體的人都會買這本書。

這是一個極具挑戰性的問題，試卷上的題目有標準答案，而它沒有。因為無論我怎麼說，他是否會同意，我都沒任何把握。

這就如同一個人手裡握有一隻螞蟻，問你螞蟻現在是生是死一樣。如果你回答死，對方就將螞蟻放出來；如果你回答是生，對方就會將螞蟻捏死然後再攤開給你看。

在不存在客觀標準的情況下，我們無法指望對方是公正的。那麼怎麼辦呢？我們首先要清楚知道，這種設問本身就存在一種不對稱性。前提是存在一個答案，對方知道他買這本書的原因，而我卻不清楚，所以只能去猜，這件事的概率就跟買彩票的概率差不多。

在汽車沒有發明出來之前，人們認為自己需要的是一匹更快的馬；在賈伯斯做出改變世界的iPhone之前，人們以為自己需要的是一部諾基亞，原因是它可以待機一個月。不過今天我們手裡的，多數是那種僅能待機一、兩天的手機，很多人出門都帶著行充。

某個女孩一直想找一個高個子的男朋友，對方身高最好在一百八十公分以上。當她的朋友當真給她介紹了一個這樣的男孩子時，她卻又覺得男孩長得不夠吸引自己，她朋友可能以為她要求太高了，男朋友不僅身高要在一百八十公分以上，還要長得帥。而且別人越對她說身高不重要的時候，她反而越會覺得身高很重要。

實際上，她真實想要的，是一個能給她安全感的人。不過沒有任何女孩會告訴別人，她要找一個不能只有高富帥而不能給她安全感的人。所以，此時如果要介紹給她一個身高一百七十公分的男生，那麼就可以對她說：「妳其實要的是一個能給妳安全感的人，一百八十公分以上的男生只是安全感的其中一個選項而已。還有很多人可以讓妳有安全感。」這樣一來，這個女孩最後就可能找一個和自己身高差不多的男生。

由此你或許已經明白，我們與人溝通，讓對方同意我們，並非要我們去猜中對方內心的答案。問題的關鍵在於，很多時候人們也不清楚自己內心想要的究竟是什麼。

在汽車發明出來之前，你問人們是否需要一輛汽車。他們因為不知道汽車是什麼，於是會問你：「我為什麼要買一個我沒聽說過的東西？」此時，你就可以問他：「你需不需要一匹更快的馬？而且它不需要吃草，不會死。」

現在的年輕人是閱讀科幻小說長大的，不過相當多的七年級生則是閱讀武俠小說長大的。一開始，我們根本不知道科幻小說為何物，磨鐵圖書是中國國內知名圖書公司中，首個出版科幻小說的公司。它在出版時打了一個廣告：後金庸時代的新武俠。

什麼是新武俠？這裡面的招數比武俠小說裡的更厲害。如今我們已經明白武俠小說和科幻小說的區別，那就是馬和汽車的區別。

電影《異形》（*Alien*）異常火紅。當我發現很多人不知道「異形」是什麼生物，更不知道我看這個電影的原因時，我就會問對方：「你覺得《大白鯊》（*Jaws*）那麼好看，那太空版的大白鯊你願意不願意看？」

這樣的介紹，要比我去介紹異形是一種什麼樣的生物要好得多。因為，那是一個他沒見過的東西，不管我如何介紹細節，他或許都不會有任何感覺。

接下來，你要去發現現實生活中不能拒絕的語句，並將其運用於勸服對方同意你的觀點時。

例如你想加薪升職，你就可以問老闆，公平是否是一家公司很重要的原則，而非歷數自己在公司每一個加班的細節。例如在夫妻關係中，妻子想讓丈夫洗碗，妻子與其抱怨自己的工作很辛苦，希望丈夫多承擔一些家務，不如問丈夫這樣一個問題：「希不希望她變成黃臉婆？」

一個很有技巧的推銷員，在去敲別人的門時，不會像其他的銷售員那樣開口就說自己的產品有多好，而是會先對這家的主人說：「我是一個推銷員，我現在口很渴，你能不能給我一杯水喝？」

很多人對上門的推銷員沒任何好感，原因是他們從為你開門的那一刻開始，你就一刻不停的介紹自己的產品。這個推銷員的聰明之處就在於，不是先向對方推銷產品，而是先向人家討一杯水，以此給了對方做一回好人的機會。要知道，沒人會輕易拒絕這麼一個極其容易做好人的機會。

人們一旦答應給推銷員一杯水，這就意味著他們打算做一個好人了，那麼接下來聽推銷員介紹產品，就要接著當一個好人了。於是當推銷行為開始的時候，他們心裡也就不會那麼排斥了。

現實生活中，如何說服他人是我們經常碰到的難題。為此，我們還需要了解身體語言方面的知識。身體語言是身體在大腦的指揮下，不自覺做出的反應，這是人的第一反應，是人無法控制的。而我們說出來的話，一般都經過了思索、反覆推敲和加工修飾。所以，身體語言雖然比較隱蔽細微，但往往比說話更真實，更值得解讀。

因此，一旦了解了身體語言，我們就可以提升自信心，有效提升人際關係，更加懂得如何與人相處，讓別人感到更舒服、更受尊重。

哈佛商學院副教授艾美・柯蒂（Amy Joy Casselberry Cuddy）經過研究發現，**身體語言影響著他人對我們的看法，但同時它也影響著我們對自己的看法。**

因此，我們要讓身體語言在我們說服對方時發揮積極的作用，還要注意學會正確使用身體語言。身體語言可以重新塑造一個人的性格。

一些肢體動作可以提高一個人的自信心，而有一些肢體動作卻會讓一個人逐漸走向自卑。當一個人處於自信狀態的時候，其肢體動作是向外擴張的，整個人都有占滿外部空間的欲望。抬頭、挺胸、張開手臂，這些都是自信的肢體語言；而當一個人整個軀體呈現出收縮的狀態，則代表著垂頭喪氣。

所以，柯蒂建議我們在參加面試之前，或者在缺乏自信的時候，不妨花費兩分鐘的時間，做出一些可以增加內心力量的肢體動作，比如握拳。因為研究表示，強而有力的肢體動作，能夠增加面試成功的概率。

在心理學中，有一個喜好原則，意即人們在潛意識裡喜歡和自己相似的人。這種相似，可以是性格相似，可以是背景相似（校友或者老鄉等），也可以是姿態上的相似。身體的模仿，能讓氣氛更加和諧，迅速拉近距離。所以，在相識之初，用身體的模仿來破冰，是一種不錯的方法。

很多人不知道怎麼獲得別人的支持，往往就是因為同步做得不好。因為他們喜歡說一些負面和反對的話，比如：「這樣不行」、「這樣我不喜歡」、「我不要」。這樣的語言極易在潛意識裡喚起他人的敵意。因此，如果我們想獲得他人的好感，就不妨和對方同步。比如，對方點了一個菜，自己也跟著點一個差不多的；對方靠著桌子，自己也不妨靠著桌子。

最後我要說的是，**微笑可以消除他人戒心**，減少溝通障礙，消除陌生感，還可以大大增強我們掩飾的能力。因此**在說服對方時，不妨多些微笑，讓對方看到你的笑臉**。

遠離「應該」，贏得他人認同

有一次我去坐地鐵，恰好在起始站上車，剛好有座位。過了幾站後，一個母親抱著孩子上了車。我剛想讓座，旁邊一個小姐卻早了我一步。

就在我尷尬於自己反應不夠快時，有個老人，不知是孩子的奶奶還是外婆揹著包站到了我面前，我順勢把座位讓給了她，自己站在她們祖孫前。

很快到了一個換乘站，下車的人很多。我看到老人旁邊有兩個空位。剛想坐下，結果這位老人家以迅雷不及掩耳之勢占了兩個座位，一個給了她的孫子，另一個給了她的包。

我先是尷尬的站著，隨後選擇走到另一個角落。不用說，我心中是有一點點失落的。我理解雖然尊老愛幼，是中華民族最美好的傳統，但如果他們把這樣的善意看作理所當然的話，還是讓人心裡有點不舒服。

老人迅速占領兩個座位，這件事的本質就在於她在合理的利用規則，並不曾考慮任何人情。在她看來，這一切都是別人應該做的。

工作中，我們經常會遇到需要協同或支持時，同事不願意配合的情況。我的一個前同事玲玲，最近倍感挫折，她很不理解為什麼同事不配合她。玲玲上週主動請命，負責部門的某次網路營銷活動，她忙裡忙外，整整加了一個星期的班，才把活動設計完成。當她把宣傳頁面發到群組裡時，她理所當然的認為每個人都應該轉發這個宣傳頁面，不過最終她失望的發現，轉發的人沒幾個。

玲玲很詫異，不由得在群裡抱怨：「都怎麼了，公司的活動，我們自己人都不支持，外面的人怎麼支持？」

結果大家好像沒看到她在群裡發言一樣。無奈之下，她在群裡標註所有人。終於有一個同事回覆了：「我覺得這個宣傳活動太low了，不想轉發。」

玲玲當場氣炸了：「這是公司的活動，每個人都應該配合。」同事也毫不留情的反擊：「妳需要說出足夠的理由，不能老是拿公司的名義壓人。」

玲玲向部門主管告狀，她原以為主管會支持她，臭罵那個同事。沒想到主管非但沒有幫她出頭，反而告訴她：「妳太把別人的配合視為理所當然了，沒人有義務一定要配合妳。」

在大多數情況下，人們對於那些過度利用規則的人都極易產生反感。

之前曾發生這類衝突事件，一群年輕人在籃球場打籃球。這時一群跳廣場舞的阿伯、大媽走過來，要求打球的孩子馬上離開，孩子們就和老人協商，能不能各占半場。阿伯、大媽們不同意，要求打籃球的孩子必須馬上離開。結果雙方發生了爭執。最後，老人們圍毆了那群孩子。

這件事被散播到網路上，眾人紛紛譴責這群跳廣場舞的老人。老人認為年輕人就應該讓著他們。實際上，當人們說出「應該」這兩個字的時候，常常會令對方產生很不舒服的感覺。

人之間相處，沒有所謂的理所當然，只有心甘情願。而應該二字反映了一種強權，正是一種毫無人情味道的理所當然。運用規則、勢力引起對方潛意識的反感，會使對方從原本願意配合轉變為不配合。

上述事件中，倘若跳廣場舞的大媽們提著一箱汽水過來，對孩子們說：「打球累了吧，喝口水，跟你們商量個事，以後到了晚上六點，這塊場地能不能讓給我們？」那麼那群年輕人還會那麼反感嗎？

同樣要求發朋友圈，如果主管認為大家應該在自己的朋友圈裡轉發，很多同事基本都會配合。原因就在於主管有一個權力，叫「否則」。但同事之間，情況就另當別論了。如果玲玲在群裡說，每個人都應該轉發宣傳頁面，同事們就會想：「我不轉發，妳能拿我怎麼樣呢？」除了找主管告狀，玲玲還真不能拿他們怎麼樣。

所以，如果你沒有「否則」的權力，那麼還是不要輕易說「應該」這個詞。

如果你是主管，就可以說：「大家必須轉發，否則扣工資。」就算你不說出否則這兩個字，大家都心知肚明。

因此，如果大家沒有隸屬關係，「應該」這兩個字能不說，還是不要說。那麼，如何才能讓大家愉快的配合你呢？

首先，我們一定不能對合作的對象說「這是你應該做的」。要知道，沒有人有義務一定要配合你。

其次，當你與他人合作的時候，你不能輕易說「相互配合也是大家各取所需」。在合作的過程中，有人經常會說：「你看，跟我合作，你也獲得了某樣好處，所以你得配合我啊。」

結果這樣一來，你就把對方逼入一個他是為了獲得好處，才配合你的境地。而人們就算是獲得了這種好處，一旦被對方說出來，他也會矢口否認。

實際上，我們在與人合作的時候，不只是為了獲得好處，有時候哪怕獲得的僅僅是一句「謝謝，辛苦你了」，就足以讓人感到溫暖和值得。

能夠在工作當中贏得他人的配合，本質上是一種主管力，一種看不見的影響力。那麼聰明的人是如何做的呢？

羅伯特這位全球知名的影響力研究權威，他將自己對於影響力的研究成果都集中於其作品《影響力》這本書裡。我們再一次活學活用一下羅伯特書裡與本主題相關的幾個方法：

第一，互惠原理。人們要盡量以相同的方式，回報他人為我們所付出的一切。互惠原理首先是基於虧欠感，別人幫助了你，你的內心便會產生虧欠感，會想辦法回報對方；其次則是基於社會認同。如果你接受別人的幫助而不付出回報，就會遭到社會的鄙視。

正是這兩個原因，讓互惠原則成了人際關係的基本法則。所以，在工作當中，那些善於為他人著想的人，總能夠收獲好人緣。很多人將這些人稱之為馬屁精，認為他們不務正業。事實上，這樣的評價既不客觀且太過絕對化。其實，這些人的表現恰恰是高情商的表現。

就連馬雲都說：「創業比的是情商。他本人也要花費大量的時間搞定人際關係。」本質上，工作就是人與人之間的協助合作，好的職場人際關係，本身就能讓很多事情事半功倍。所以，在工作中有必要多注意觀察細節，多關注身邊同事的精神與物質需求。

我有個朋友，她人緣很好，在我初入職場時，她和我分享自己的親身故事。有一次，同事看到她的手機鏈特別喜歡，就問她在哪裡買的。她說在家附近的地攤上買的。同事一聽離得特別遠，而且還是不固定的地攤，也不好意思麻煩她代買，就什麼也沒說，但表情間頗是失望。朋友敏銳捕捉到了同事失望的表情，於是上下班路上就特別留意著。幾天後，朋友為同事另外買了一條手機鏈，並送給了她。幾塊錢的手機鏈，又是順路的事，卻拉近了朋友和她同事的情感。所以，她人緣好是有原因的。

其次，投其所好。人都有喜好，如果你能投其所好，對方對你就有了虧欠，日後定當會給你回報。

最後，互惠式讓步就是各讓一步。很多時候，交易就是這麼做成的，不管是在店鋪裡買一件衣服，還是商務談判，都是你妥協一下，我讓一步，最終令雙方都滿意。

第二，承諾一致原理。在生活中，人們都有一種習慣，即對於自己曾經肯定過的事情，總是會千方百計去維護，以此證明自己的選擇是正確的。同時，這種努力也在潛移默化的說服自己，從而讓自己變得完全認同。

有心理學家發現，關於實現承諾，需要付出的努力越多，這個承諾就越牢靠。所以，我們不妨在工作當中學會合理運用承諾一致性原理，讓身邊的同事支持自己。

第三，社會認同原則。人們往往以他人的行為和思想作為判斷標準，尤其是在不確定性因素的影響下，比如形勢不明朗、拿不準主意的時候，我們往往會接受並參照別人的行為。所以，說得太多不如做出榜樣來，獲得身邊相對認同你的同事的支持。這樣一來，你就有可能影響到更多的人。對組織而言，這種正向行為就能形成一個正循環，你贏得的支持也會像滾雪球一樣，越滾越大。

第四，喜好原則。人們願意答應自己認識和喜歡的人提出的請求。因此，如果你想增強自己的說服力，讓人更願意答應你的要求，就要想辦法變成令人喜歡的人。

所謂變成令人喜歡的人，並不是讓我們去改變自己取悅他人，恰恰是讓自己更大膽的展現自己，贏得他人的認同。任何人之間都有共同之處，聰明的人善於運用彼此之間的共同點，來拉近彼此的距離。

科技人格化，成就自己的人格魅力

提到賈伯斯，恐怕沒有人不知道他。二〇一一年，賈伯斯去世，全世界都在哀悼他。當時我帶領團隊和創新工場董事長的李開復一起出了一本書，叫《世界跟著他的想像走：賈伯斯傳奇》，書出版時，正趕上賈伯斯逝世。

當時，小米的董事長雷軍被稱為中國的「雷伯斯」，他還用小米的通路幫我們免費宣傳了這本書。一轉眼許多年過去了，在蘋果 iPhone X 剛剛上市的時候，發布會地點選在蘋果的地標建築——賈伯斯禮堂舉行。在發布會上，人們看到 iPhone X 消滅了手機屏幕上殘存的最後一個按鈕，其開創性仍然繼承了當年賈伯斯時代的基因。

這真應證了那句話：「有的人死了，但他仍然活著。」於是在回首過去數年的變化時，我們雖然驚訝於商業世界的巨變，但更驚訝的是商業的人格化。

如何理解人格化？舉個簡單的例子，賈伯斯死了，但他所代表的價值觀仍然為很多人所深深認同，於是他的人格和精神永遠成為蘋果不可替代的寶貴資產。這就是人格化力量的典型體現。

人格化是如此重要，概括起來，它具有以下幾個非常重要的特點：

首先，人格化的本質是人性化和情緒共振。很多人說，今日是一個人格化的時代，那麼，何為人格化？有人認為，所謂人格化就是指公司推出一個人或擬人的吉祥物，讓它代表公司的形象，和用戶產生連結。

倘若如此概括，那就是太過狹隘了。事實上，人格化的本質是人性化，透過人性化的方式引發情緒共振，達到品牌傳播的效果。

一般來說，創始人作為魅力人格體，為公司做品牌營銷是人格化的一個類型，通俗來說，就是把創始人的個人品牌和公司品牌綁在一起。這麼做可謂利弊共存。好處是它可以大幅節約營銷成本，因為好的公司創始人本身就是一個魅力人格體，自帶傳播屬性。

這方面的例子很多，比如雷軍與小米，你無法想像沒有雷軍的小米，也無法想像沒有小米的雷軍。因為每當新手機發布，雷總都會親自出馬。當然了，宣傳新手機不一定需要雷軍親自來做，但他親自來開會效果當然最好。於是因為雷軍親自來開，很多人會在雷軍人格魅力的吸引下前來現場，而他們也在後來成為小米的忠實用戶。

同樣的，阿里巴巴和馬雲之間亦如此。在用戶的心裡，阿里巴巴即馬雲，馬雲即阿里巴巴。這是因為，馬雲的價值觀貫徹了阿里巴巴整個公司。

此外還有董明珠和中國最大空調企業的格力空調、羅輯思維和羅振宇，這些具備魅力人格體的創始人站出來說一句話，就勝過傳統公司千萬百萬的營銷。

說到這裡，我不得不提一下錘子手機（按：錘子科技，是中國的行動裝置研製與軟體開發企業）。第一款錘子出現的時候，其他手機電池可以用一天，但它的僅能用半天。面對如此巨大的劣勢，很多錘友們說：「這個問題很好解決啊，要嘛我買個行充，要麼我乾脆買兩款錘子手機不就解決了。」

如此忠誠的錘友並非腦殘粉，他們之中大多數人是各行各業的菁英。而他們之所以願意支持錘子，是因為他們願意支持創辦人羅永浩，認同羅永浩背後的那價值觀。

雖然現在錘子已經走向沒落，但是當年在粉絲號召力上的成功，印證了羅永浩的人格魅力。

當然，人格化的影響同樣是雙面刃。樂視和賈躍亭就是一個明顯的例子。

樂視創始人賈躍亭在二〇一六年公司年會上借助一首〈野子〉，總結過去，展望未來，將創業的艱辛與勇氣展現出來，打動了無數人，引發了「野子效應」。可以說，這一效應的取得，與賈躍亭的個人魅力以及他的獨特經歷和人格，在人們心中激起的強烈情緒共振密切相關。

因此有人曾開玩笑說：「賈老闆是全中國出場費最高的歌星，一首四分鐘的單曲創造的價值上億。」這雖是玩笑，但也反映了人格化力量不容忽視的事實。不過一年多以後，賈躍亭因為野心太大，資金鏈出現問題，遭遇了信任危機，幾乎成為公司的負資產。這時，人們又會拿出當年的〈野子〉議論。此時把賈躍亭和樂視捧上神壇的人格化就成了致命病毒，嚴重影響了樂視的形象。

當然，類似的因為人格化導致不良影響的例子還有很多，比如谷歌的聯合創始人出軌，造成谷歌當日股價大跌，蒸發的美金數以億計。微軟的史蒂芬・安東尼・巴爾默（Steve Anthony Ballmer）當年將個人和公司綁在一起，在他宣布離職的那天，微軟股價下跌七％，相當於三百億美元，這說明巴爾默在公眾心目中的形象給公司造成了巨大的負面影響，而僅僅這一影響就足以把他一生創造的價值都抵消。

不過，雖然人格化存在不利之處，但它在商業世界中的影響力卻越來越大。時代瞬息萬變，變化多，變故多，機遇也多。相比美國企業家傑克・威爾許（John Francis Welch Jr.，曾任奇異執行長）或是美國企業家約翰・史考利（John Sculley，曾任百事公司副總裁、蘋果執行長）這類職業經理人式的ＣＥＯ，如今的公司創始人往往會將個人影響力和公司品牌結合在一起，以生命體的形式來衡量公司的發展。

當然了，人格化不僅體現在上面講到的活躍形式上，也可以體現為低調的其他方式，這其中就包括以產品為依托的人格化，以文字為表達方式的人格化，甚至人工智能化的人格化。

廣東深圳騰訊公司現任董事會主席的馬化騰和張小龍，都屬於不是十分活躍的人。他們屬於低調人格化的代表。在這種人格化的風格影響下，騰訊的許多產品經理認同騰訊的產品設計，不得不說是貫徹了馬化騰和張小龍的產品哲學；微信上的爆款文章通常也是人格化的體例，因為它們成功挑動了人們的情緒；人工智能客服小冰、小娜這些名字，以及漫威的美國隊長、蜘蛛俠、鋼鐵俠等虛擬的俠客式人物，都是人格化的體現。

這些形象前後反映的是人們對這些形象後面代表的價值觀的認同。同樣，知乎、豆瓣也是廣義上的人格化，因為它們是人性化的，符合人們的認知。

在《第四消費時代》一書中，我們可以清晰看到人格化是如何出現的，如何影響人們的生活。這本書將消費分為四個時代：

第一個時代是終生消費。一個人一輩子可能就消費一、兩次，蓋個房子打個家具，剩下的都自給自足，屬於小農經濟；第二個時代是工業化消費，消費是以家庭為單位的，這個時候就出現了疊代，代表性的公司比如海爾、美的；第三個時代是個人化消費的崛起，人們購買手機、MP3，代表性的公司是諾基亞、索尼；第四個時代就是我們如今所處於的這個時代，是人格化的時代，消費越來越帶有精神屬性，成為一種價值觀的消費，從我需要所以我購買，變成我認同所以我購買。

這種消費方式的轉變，實際上就是認知升級和消費升級的產物，而人格化正是順應了這個趨勢。那麼，人格化是不是就是人們常說的粉絲經濟的升級版呢？實際上，兩者大不相同。

人格化的背後必定有價值觀為支撐，粉絲經濟則更多的是靠關係，靠互動。因此，造成的結果就是人格化和用戶之間是隱形的連接，比如，賈伯斯死了，但他的精神永存。粉絲經濟還停留在低層次的依託人群支持行為進行的商業化開發上，停留於人的層面。人格化則更進一步，超越了人本身，是對其背後所代表的價值觀的認同。所以它的力量更強，影響更大。

真正的聰明人，都在日積月累中塑造著自己的人格魅力。

第七章

厲害是攢出來的，偉大是熬出來的

麗麗心情不太好，因為剛剛和另一個同事討論的時候，發生了點口角。麗麗是一個做事非常認真的女孩，而恰恰是這種認真負責的態度，讓她成為公司的業務能手，其業績已經連續多年在公司排第一。

然而，也正是因為工作認真，讓她在看到自己辛辛苦苦做出來的文件被同事粗心對待時，產生了不滿的情緒。於是就和同事發生了口角。

看到這一切的老闆，走過來對麗麗說：「到我辦公室來，我們聊一下。」來到老闆的辦公室，麗麗感覺有點異樣，老闆好像有話要說，卻不好開口的樣子。於是她主動問老闆有什麼事。

老闆說：「妳剛才和某某發生了點矛盾，對嗎？」老闆一問，麗麗原本壓下去的情緒又有點上來，於是生氣的說：「他這個人做事太馬虎了，這種態度真讓人生氣。」

老闆突然清了清嗓子說：「有件事，我早就想跟妳聊聊啦。妳到公司也這麼多年了，今天我們之間拋開上下級關係，就當是朋友，我想給妳個人建議。妳在公司這麼多年，業績那麼好，本來早該提拔了，卻遲遲沒下文，有些小委屈。不過我想告訴妳，妳之所以遲遲未被提拔的原因不在業績上，而在於妳情緒。妳需要管理好妳的情緒。簡單的說吧，現在情緒已經成為妳發展的瓶頸啦。」

麗麗原來心情就不太好，再加上多年來累積的委屈，老闆這麼一說，她頓時沒忍住，哭了出來。

老闆突然正色道：「剛剛談的就是妳的情緒問題，妳怎麼還哭了。」

麗麗收住眼淚說：「我也知道這一點，但不知道為什麼，有時候就是忍不住自己的情緒。」

老闆說：「一個人太情緒化，就會影響職業生涯。妳是公司的老人啦，接下來我們一起努力，試著克服情緒問題吧。」

隨後發生的事就有點魔幻了。麗麗非常想要克服情緒化這個毛病，老闆也不時提醒她。然而突然有一天，也是在和同事的討論中，麗麗突然情緒大爆發，失控了。這件事之後，整個公司的人都認為麗麗有情緒問題了。而麗麗後來也的確憂鬱了，氣自己怎麼老是過不了情緒那一關。

最後老闆說：「妳該去看心理醫生啊！」

聽了上述的故事，相信很多朋友在忍不住想大罵這個老闆的同時，內心也會隱隱有一種觸動，似乎自己也曾遇到過類似的吹毛求疵的老闆。

在這裡，我還是想冒著被吐口水的風險說一句，麗麗那個看上去吹毛求疵的老闆，其實出發點是希望她更好。畢竟哪有做老闆的會不想把人用到位，讓自己公司賺大錢呢？當然，這位老闆的表達方式的確存在不妥之處，但是麗麗本人問題卻更多一些。

能力的精進和內心的自信，讓你從容又淡定

試想，如果麗麗在得到老闆的提醒之後，能聚焦正面，認識到自己當下的境地並非完全是問題和瓶頸，更多的是機會、認識到學會調節自己的情緒可以讓自己獲得擁有主管力的技能包，進而獲得提升的機會。

情緒這個東西，壓抑得越久，爆發得就越厲害。所以，千萬不要輕易給自己過度貼上情緒問題的標籤。不妨多給自己一些積極的暗示，用每一次小的進步來

鼓勵自己。

當然，每個人都會有心情不好的時候，如果真的因為情緒影響到工作了，又該如何處理呢？

我在此給出一個小建議：在你心情不好的時候，想像自己的內心像一杯渾沌的水，你能用什麼辦法把這杯水變透明呢？不管你是去搖晃這杯水，還是試圖把渾沌物撈乾淨，都會讓這水越來越渾沌。最好的辦法就是不去管它。過段時間，它自然就會變透明了。

情緒也是這樣，過一段時間就會變好。回到故事的開頭，主管認為麗麗有情緒問題，麗麗該怎麼回答呢？

如果我是麗麗，我會這樣說：「剛才我和某某就是點小摩擦，等下我自己會處理，沒事的。至於我的升職問題，我的業績這些年來一直都是公司第一，我相信公司會從公平的角度來處理的！」

聽我分析完麗麗的故事，很多朋友可能還是不清楚如何才能優雅應對老闆的要求與期待，下面我就以減肥為例，深入聊一聊這個問題。

想必有減肥經歷的朋友都知道，減肥過程中會經歷一個停滯期。在這一階段，減肥的效果會停滯一段時間，體重很難繼續下降。於是，相當多的人認為減肥無效，進而絕望、放棄。事實上，這是因為你的身體與體重的下降沒有同步。

如同電腦系統一樣，在減肥過程中，隨著體重的變化，人體這一系統也需要用一定的時間對體重和體型進行匹配。這一過程就如同我們打開電腦時，要給電腦幾秒鐘時間用以加載程式一樣。只要你能夠挺過這段時間，度過平臺期，你的體重就會快速下降。

無論你是否意識到，和減肥一樣，個人能力的增長過程也存在一個停滯期，這就是我們所說的瓶頸期。原因是隨著工作內容的變化，我們原有的知識體系和技能可能無法應對瞬息萬變的現實，知識與能力之間不匹配。

如何解決這些問題呢？美國學習專家、企業家布里塞尼奧用其ＴＥＤ演講啟發了眾多人。布里塞尼奧發現，那些大神之所以厲害，是因為他們能夠在生活和工作中讓自己刻意在兩個區域中切換，一個是學習區，一個是執行區。

學習區是用來學習的。在此區域中，我們要做的是學習、嘗試、更新、反饋、總結、反思，進而不斷提高自己的能力。這區域是為我們改進、提升自我服務的區域，涉及的都是我們不曾掌握的東西，所以在這一區域，我們經常犯錯。

執行區是用來處理日常工作的。比如醫生看病、老師教書、司機開車、工程師寫程式。當我們處於執行區時，我們總是以完成任務為目的，涉及的都是已經掌握的東西，所以要盡量減少失誤。

由此可見，倘若我們的職場地位到一定階段始終沒有提升，那一定是我們害怕或者潛意識裡拒絕接受失敗和風險，從而讓我們一直處在執行區，漸漸的我們就將生活變成了執行區，只顧得上應付日常工作，忽略了學習區的反思、反饋、提高和進步。

要避免這一切的發生，就需要我們學會改變：

一、改變立場。我們要學著像老闆一樣思考，把公司的目標當成自己的目標，而不是讓自己總是處於角色的局限中。當我們替自己構建了一個更系統、更高的思維框架的時候，在面對許多事情時，眼界就會更加開闊。

二、重視溝通。重視溝通，意即我們要橫向溝通與縱向溝通並重。依賴絕對權力帶來絕對權威的時代已經漸行漸遠，**現在的主管力來自於你做了什麼，而非你是什麼**。因此，當互聯網讓我們一步一步邁向越來越扁平化的時代時，溝通也變得越來越重要。為了推動事情的解決，隨著跨部門、跨組織的連結與橫向協作漸漸增多，我們越來越需要重視共識，尤其是在關鍵點上達成共識。

三、把執行力的提升放在首位。執行，還是執行，要將執行放在第一位。我們要有一種主管要求一百分，而把事情做到一百二十分的幹勁，這也叫做超預期。一個人只有願意透過努力達成超出預期的結果，完成超出預期的目標，才有可能獲得更多嶄露頭角的機會。因此，人在職場，要多想，多做。要讓自己內心溫柔，決策果敢，執行「凶狠」。

四、明確堅守，克服道德包袱。克服道德包袱，就要求我們不依賴於別人對自己的評價與看法來做人、做事，而是依據自己內心的堅守，並將其作為自己實踐的原則。

實際上，對於每一個人來說，個人的成長都是最重要的。我們的成長，要與我們為公司乃至社會，可能創造的價值相匹配。很多時候，在面對一些事情時，某些人會覺得自己被情感綁架，難以堅持自我，對此，我給出的建議是：「從更遠的維度、更高的角度做對的事，然後把事情做對！」

優雅來自於我們能力的精進和內心的自信，我們的地位與存在感來自於我們敢於向前一步，敢於挑戰，敢於擔當！對於一個組織來說，沒有什麼是絕對不可替代的。現代化組織，第一步要清除的就是職位權威上的不可替代。

我們不應該為了自己的不可替代性，在公司當中過度絕對化自己的權威，過度在乎自己的位置，過分注重老闆一時的評價。我們的不可替代，應該是我們能力的不可替代，我們向前一步的精神的不可替代。如此一來，我們自然可以從容的應對老闆的吹毛求疵。

人生從來都是靠自己成全

小安是某市人民廣播電臺的一名主持人，從中國傳媒大學畢業後，他憑藉自己的努力進入現在的單位，工作一直一帆風順。不過最近，他過得很不順心。事情的導火線是半個月前的一個報告。

由於小安相當珍惜當前的工作機會，因此，他自工作以來盡職盡責。每次節目正式開播前，他都要在私底下練習好幾次，以求做到最好。

可是同單位的老編輯們，仗著自己在單位工作了十幾年，架子擺得很高，做事相當懶，每次都要拖到開播前幾分鐘才把稿子交給小安。小安根本沒時間熟悉稿子，因此嚴重影響了節目播出的效果。

這天，趁著午休的時間，小安來到編輯們所在的辦公室，用商量的語氣對他們說：「各位前輩，在節目正式開播前，我需要提前熟悉一下稿子，能麻煩大家提前幾個小時把稿子給我嗎？」

讓小安驚訝的是，他們直接一口回絕了，還相當不客氣的說：「小子，你才來電臺裡幾天啊，現在就來指揮我們做事了，你以為你是臺長啊！」

小安吃了閉門羹，忍下來。沒辦法，一個新人怎麼可能和這些「老油條」鬥啊？可沒想到的是，此後這些老油條們似乎盯上小安了，交給他的稿子，用詞非常生僻，內容晦澀難懂。於是，小安在播節目時總讀得磕磕巴巴，招致聽眾的責難，評價他不負責任，水平不夠高。

小安真是啞巴吃黃連，有苦說不出。無奈，他只好自己在開播前的最後幾分鐘把那些生僻的詞改掉。結果可想而知，編輯部的老油條們一哄而上，對小安大加責難：「誰讓你改稿子的，是你寫稿還是我們寫稿啊？給你稿子，你照著讀就行了，現在的年輕人真是不知天高地厚。」

而對編輯們的刁難，小安一氣之下給臺長寫了一份報告，列舉了工作中遇到的問題。臺長看到這份報告後，對老編輯們非常生氣，在開會時當眾讀了這份報告，嚴厲批評了那些編輯，還順便表揚了小安。

小安的故事告訴我們，人在職場，要學會的第一個原則是：該求助的時候要果斷求助。在我們還是學生的時候，那些愛到老師面前打小報告的好學生就特別不受歡迎，他們被看作告密者。打小報告的同學經常被孤立，經常被別人冷嘲熱諷：「有本事你去告訴老師啊。」這就讓很多人形成了一種思維慣性：有事最好私下解決，千萬不能當告密者。

不過，職場不是學校，倘若你到了職場還不改變這種思維，有問題不願意求助，還把主管當班導師，久而久之，不但工作會受到影響，公司也會對你形成不好的看法。

人在職場上首先要學會遇到解決不了的困難，向自己的主管和同事求助。職場新鮮人必須認知到，**同事關係並不像同學關係。職場中每個不同職位的人之間協作，本來就是為了把事情做好。**當你**遇到自己不能解決的問題時，你必須第一時間向能解決問題的人求助，如此才能解決問題。**

小安的故事告訴我們，人在職場，要堅持的第二個原則是：沒事別惹事，有事別怕事。相當多的年輕人初入職場，害怕被排擠，就改變自己，用妥協的方式來換得同事的接納，從而融入他們的圈子。

尤其在僵化的企業，人員流動性很小，很多同事要在這裡工作一輩子，大家低頭不見抬頭見，一旦得罪一個人就得罪了這個人一輩子。為此，很多人不得不選擇隱忍，結果反而變成「忍者龜」，遇事忍讓成了他們的人生哲學。

然而，一味忍讓並不能換來別人的理解，有時候還會讓對方變本加厲。每個有進取心的公司，都會鼓勵年輕人去拚、去闖。新人不必害怕衝突，反而是公司害怕員工沒有進取心，選擇安逸，不敢和人發生衝突。

在職場上，一些老油條常常利用自己的職業地位和權威欺負職場新人，對他們提出一些過分的要求。比如安排新員工去打掃衛生，甚至要求新人給他們端茶送水。公司分發福利，他們會想辦法故意不分給新員工。每逢節、假日他們會成幫結伴出去玩，讓新員工在辦公室裡值班。更過分的是，他們還會把本來屬於自己要完成的工作，安排新人去做。

面對這些老油條，你千萬不要存著什麼以和為貴，與人為善，甚至討好之心，要知道那些在你剛入職時就存心欺負你的人，以後也不會幫到你。

一位在這種企業工作的成功人士曾說：「那些一開始就和我客客氣氣，堅決不要我端茶送水的前輩，後來都成了我的好朋友，他們一路上無私教導我、帶領我，提醒我小心各種坑。他們一開始怎麼對待我，後來也是那樣對待我；而那些洋洋得意領受我各項服務的人，對待我的態度隨著我個人境遇的高低起伏，而千變萬化。」

所以，那些存心欺負你、告訴你「當初我們也是這麼過來」的人，並不能幫到你什麼。他們不過是一些欺善怕惡的人，你越軟弱，他越欺負你。你做得好，他們就會討好你。

前面故事中的小安，憑著善於學習，憑著敢於應對問題的自信從容，贏得了電臺裡主管的信任。最終，他成為電臺裡升職最快的年輕員工，還擔任新項目的負責人。而一年後，他負責的這個項目成了老部門的同事競相取經的地方。

人與人之間可以透過連結實現自我提升，求助是一種能力，我們要突破自己的局限，敢於、願意向人求助。但人生也總會有些事情需要你勇敢面對——工作中的挑戰，生活中的挫折，還有不軌的惡意。人生從來靠自己成全，我們必須該求助的時候求助，該面對時不逃避。

形勢變動時，更要不斷的提升自己

過去某段時間，社群平臺上朋友圈中盛傳「經濟寒冬」、「裁員大潮」這種主題的文章，有人說，二〇一九年經濟寒冬才真正開始，失業大潮也不可避免。

面對這樣的現實環境，很多人都會感到恐懼，有粉絲向我們的職涯規畫師提問：現在公司發展不景氣，很多老員工都離職跳槽去了別的公司，身處這樣的環境，他很忐忑，不知道是應該原地不動還是去找下家，想讓我幫他分析一下。

相信不少人也有同樣的疑問。首先，我認為大家要正確識別自己公司的處境，不要一竿子打翻一條船。有的公司裁員，可能是在優化公司的效能，為了在市場中獲得更多競爭機會，有的公司裁員可能是真的效益不佳，需要縮減成本。大家要具體問題具體分析。

眾所皆知，中美貿易摩擦不斷，宏觀經濟確實不景氣。很多互聯網公司都在裁員、處在風口浪尖上，就連蘋果公司的市值也曾一夜之間蒸發了許多。不僅是美國互聯網公司，很多中國互聯網公司的市值也大跌。裁員大潮下，很多人考慮尋找新的工作機會，想要證明是不是有更多公司願意要自己，所以心浮氣躁。

實際的情況是，當裁員大潮來臨時，心越定的人，反而越有機會，越是實在的人越不吃虧。因為這個時候，所有公司都會理性看待自己的人力架構，看看自己公司裡，誰是真正有在做事的人，誰是不做事的、誰是能產生效益的，誰是不能夠產生效益的。這種情況下，老實人反而更珍貴。公司發展過快時，一心擴張向前衝，難免多了濫竽充數、效能不高的人。一旦裁員大潮來臨，實際、創造價值的人，不僅不會被裁掉，反而有更多升職的機會，只要把握好心態就不會有問題。我們要明白一點，正常的公司優化效能，就是四個字「減員增效」，這就意味著，留下來的人需要創造更多的價值，也意味著更多可能的激勵。

我的一個朋友在一家互聯網公司工作，平臺較大，待遇也還不錯，有一天他找我抱怨說他的主管不給力、不實際，還問我要不要換工作。我說：「你別急，先等一等，你只要把自己該做的事情做好，跟他保持適當的距離，正常工作正常匯報，像這樣不作為的主管，公司早晚會請他離開的。」果然不到三個月，他的主管就被辭退了。現在，這位朋友在那家公司發展得越來越好。實際上，他當時所在的五、六人團隊中，有三、四個人相繼離職，但是他因為聽了我的話，一直留在原地認真做事，抓住了一次發展的機會。

我們一定要記住，這個世界上有些事情是不確定的，有些是確定的，我們要學會在不確定性中尋找確定。而永遠不變的是時刻提升自己的能力和專業技能，讓自己變得更值錢。如果你認識到能力提升是最重要的，不斷提升個人能力，就等於讓自己持續增值。

羅胖在跨年演講時提到一個公式：**一個人的成就，等於核心算法乘以大量重複動作。**聽起來有點玄疑，實際上講的是一個簡單的常識，翻譯過來就是**你要找到自己的核心優勢，然後一直做，堅持做下去你就會成功。**

你只要一直努力，裁員大潮來不來其實並不重要。我們千萬不要慣性的用外在因素變化干擾自己內心的秩序，導致自己心浮氣躁，不能夠專注在提升自己的能力上。

馬雲曾提過，宏觀經濟雖然不景氣，但是中國九〇%的公司死掉，跟宏觀經濟一點關係都沒有，只有一〇%的公司跟宏觀經濟的狀態不景氣有關係，九〇%死掉的也是本來就該死掉的公司，只是因為宏觀經濟不景氣，加快了這些公司的衰亡。越是變動的時候，越是要堅持不斷的提升自己的能力。

工作其實就是龜兔賽跑，兔子這裡蹦一下，那裡跳一下，跳來跳去也沒得到什麼。而烏龜呢，一直朝著一個方向堅定的爬，牠才走得更遠。我以前策劃出版過一本書——《偉大是熬出來的》。人生本身就是煎熬，我們要在煎熬中找到它的樂趣，不斷為自己增添熱情。職場當中，真正打敗我們的往往是自己。

時間會幫你篩選身邊的人，真正的老實人不會太吃虧

我有個朋友在一個三線小城市做了四年會計，最初遇到的主管比較自私，同事也都不能交心。雖然他踏實肯做事，但是在主管的施壓和同事的算計之下，工作進展一直不順利；他的能力也不算很強，總會被一些比較有心機的同事牽著鼻子走。同事們說話圓滑，會討主管歡心還能爭取自己的利益，而他卻非常老實，辛苦工作還經常被人利用。對此，他很苦惱，糾結自己究竟是不是選錯了工作。他千百次想辭職，但又害怕到新的環境中遇到同樣的主管和同事，於是，他便讓我幫他分析，看看怎麼解決這個問題。

實際上，我有這樣一個觀點：真正的老實人在職場上不會吃太大的虧。這位來提問的朋友呢，可能不是我們提到的真正意義上的老實人，因為他不甘心做一

個老實人。

什麼才是真正的老實人呢？我之前講過郭靖的故事，像郭靖這樣的老實人從來沒說過自己吃虧。真正的老實人並不會認為自己在職場當中總是吃虧，他們甚至會認為吃虧是福。他們永遠相信一個觀點：沒有人會持續刁難一個對自己沒有惡意的人。

向善是我們個人發展學會的價值觀，當你總在擔心別人害你的時候，其實你想得更多的是那些被放大了的惡意。任何事物都有正反兩面，我更主張做一個真正的老實人，去發現別人好的一面。當然，這需要一定的修為，在人生長河之中，需要我們不斷以此警醒自己。

心中無敵，則天下無敵，因為仁者無敵。也就是說，你心中沒有敵人，你就不會覺得別人是來害你的，也就不會有敵人存在了。這樣的老實人是很可貴的。

在工作中，換位思考一下，我們看到這樣的老實人是不忍心去傷害他的，願意對他好，而不會持續去刁難他。所以大部分的情況下，很多人痛苦和糾結，不是因為他是一個老實人，而是他不甘心做一個老實人，這才會讓他痛苦。

要知道，**能被別人利用是一件好事，說明你有價值**。最怕的是一個人連被利用的價值都沒有。某種程度上來講，你之所以不甘心，是因為你覺得自己的能力不止於此，你可能過分高估了自己的能力。

多年以前，我聽過力帆集團的董事長伊明善的一句話，他說：「過去那個時代叫吃得苦中苦，方為人上人，現在這個時代應該叫受得屈中屈，方為人上人。」我們很多人其實都受不了委屈，害怕吃虧。而我用自己的實際行動證明過，我吃過很多虧，吃虧的過程也很痛苦，但是失之東隅、收之桑榆。整體上來說，我得到的更多，只是得到的不一定是從讓我失去的那個人身上得到。

我雖然也被黑過，但是我得到了更多的善和愛，這讓我更願意看到世間簡單的美好，因為黑我的人早晚會走出我的生命。有句俗話說得好：「**物以類聚，人以群分，時間是一把篩子，篩來篩去，剩下的還留在你身邊的，都是對你好的人**。」歲月會讓我們變得更加從容，它會幫我們篩掉惡意，讓我們看清生活的本質。法國作家羅曼・羅蘭（Romain Rolland）說過：「真正的英雄主義就是看清生活的本質之後，依然能夠熱愛生活。這真是一種很高的人生境界。」

十年以前，我透過朋友認識一位老前輩，她是一家全球頂級私人銀行的行長，她對我說：「傑輝啊，你很聰明，但是你一定要記住，要讓自己的路越走越寬，不要讓自己的路越走越窄，不要被眼前那些愛刁難你的人耽誤自己，不要總想著抱怨。」

我剛進磨鐵工作的時候，處事還比較稚嫩，在工作上遇到了一些小麻煩，導致一位同事在一件非常敏感的事情上誤解我、中傷我，給我帶來過很大的痛苦。老闆沈浩波後來對我說了一句話，讓我記憶猶新：「學會不解釋，有些東西不要總是想去解釋，也不用去解釋，這樣能讓自己內心更開闊。」

一路走來，因為我心存善念，總會有人提醒我，要有更大的眼界和格局。我在磨鐵工作的第一年，就已經是公司四大中心的總經理之一。但作為中心總經理，我的薪水卻只有其他中心總經理的二分之一，甚至三分之一。第二年，我的業績就追平了其他幾位中心總經理的業績，但是我的薪水還是比他們低。很多同事都替我不值。但是到了第三年，老闆給全公司發了一封郵件用褒揚之辭肯定我，我的薪水也不再比其他的中心總經理低了，這一切，讓我覺得很值得。

後來我離開了磨鐵，老闆幾次邀請我重回磨鐵。我開始創業時，在上海開了一家公司，他給我投了五百萬元，但我卻被其他人坑了。後來我又回北京開公司，老闆說我這個人靠譜，就又給我追加了幾百萬元投資。公司營運後，他從來沒過問過我公司的經營狀況，哪怕這個過程中，我公司的合夥人因為各種原因換了好幾個。在我最艱難的時候，他從來都是一如既往的支持我。

對我的老闆，不同的人有不同的評價，但在我眼裡，他是一個有智慧、大格局的人。很多時候，我們自己看上去吃了很多虧，但在這個過程中，別人會給你更多的回報。一路走來，我真的發現，時間會幫你篩選身邊的人。如今不管我遇到怎樣的挫折，內心都會有一種向上的動力。我在創立個人發展學會的過程中，也遭遇過太多質疑，大家認為我們做這件事不賺錢，投資人也認為市場容量沒有那麼大。但是每次我看到學員們因為在個人發展學會學習後獲得成長，真誠的對我們表示感謝，都讓我內心充滿了動力。

一位在美國矽谷工作的工程師學員曾主動對我們說：「希望你們也能幫助和影響我的妹妹。」她的妹妹在北京讀大學，馬上要畢業了，很迷茫，不知道該怎麼選擇發展方向，於是便透過她姐姐找到我們。這位矽谷的學員對我們的堅定信任，讓我感動不已。

無論別人怎麼說，我都認為自己在做有價值的事，而我們也始終期待美好的事物發生。不夠了解我的人會認為我傻，所以才總是吃虧，身邊真正的好朋友卻會提醒我：「你應該這樣繼續做下去，因為你身上最寶貴的東西，就是這份純粹和天真。」

人生本是過程，這一路你走得是否開心快樂，取決於你的心態。我曾在抖音上看到過這麼一句話：「幸福的人生，不是人生本就幸福，而是因為你看到了幸福的人生。」

第八章

將軍趕路，不追小兔，努力活出你要的樣子

大學時候我曾經參加過一次講座，講座老師的一句話讓我至今記憶猶新：「聰明的人不是知識淵博的人，而是能用快捷又有效的方法，去找到答案的人。」在這個訊息大爆炸的時代，很多人不缺知識，但缺乏智慧。

學知識，不如學智慧

工作當中，主管為下屬安排工作，有時候下屬們不懂也不問，待在那裡憋半天，亂忙活白煎熬。不只在工作中，我們身邊有很多朋友，遇到事情即便無奈又無助，也不懂得去求助，不懂去找方法。但其實，有兩種應對問題的方法：一種是自助自查法，借助互聯網工具，用百度搜索等方式找答案、翻閱相關資料，還可以報一個網路課程，或者到知乎、在行、分答上找專家提問。這是最簡單直接的快捷求助方式。另一種方法是求助於身邊的人，充分發掘身邊相匹配的人脈資源，幫自己找到答案。

我過去賣過保險，深刻感受到銷售工作的經歷對一個人長期發展的意義。我有一個老下屬叫小張，過去做了很多年的銷售，業績非常不錯。像小張這樣做過銷售且業績不錯的人，面對問題時，會有很強的主觀能動性，懂得求助，更敢於求助。聰明的人往往能找到專家為自己提供精確且專業的建議，他們不只會閉門造車做填空題，更會懂得把人和網路當作搜索引擎，在獲得的答案中做選擇題。

另一個小劉過去在一家內容公司做通路開發，離開之後，自己一個人做事，想多賺點錢。小劉聯繫了幾個重點通路，期待與它們合作。他知道通路要找什麼樣的名人大咖、做什麼樣的課程，可是他無法聯繫到大咖名人，這就成了小劉的短處。

後來，小劉透過身邊善於和名人大咖打交道的朋友去聯繫他們。他還找到了我們公司，說服我認識到合作對公司的意義，動用我公司專業的內容策劃人、產品經理、製作人幫助老師打造課程，甚至有的項目他還說服我出馬進行關鍵談判。這樣，一個多方共贏的長期合作得以達成。

小劉一個人就是一支部隊，他一個人摸清了通路的需求，搞定了關鍵談判的核心人物，還說服一批人為自己做事。在這件事情中所有相關的人都獲得了利益，通路多了一道選題，我多了一系列可以賺錢並為公司帶來品牌影響力的項目，我手下的產品經理多了一份提成，而他自己只是做了整個項目的聯絡人，從中也獲得了不菲的利潤。

這個故事聽起來好像是一個掮客的故事，其實一個好的項目經理、產品經理、製作人、導演等，何嘗不需要這樣的能力呢？我們要學會擴大自己的圈子，串聯別人與自己協作，共同完成一個大目標，而不是把自己變得萬能。

你需要多學點智慧，凡事不需要你都懂，但你要知道誰會懂。盡信書不如無書，有時候就是這個道理，能夠運用知識，將身邊的資源串起來，本身就是一門重要的學問。

在互聯網時代，我們要連接的人和資源越來越多。一個人要和不同的人協助合作、同部門協助合作，跨部門協助合作，還需要跨組織跨公司合作和協同，所以學會聯機進化，與其悶頭讓自己成為一個無所不能的人，還不如讓自己成為一個能夠用好各方面、各領域能人的人。只知道悶頭做事，低頭走路，不懂抬頭看天，其實並不適合這個時代的發展。

正確選擇知識付費，讓聰明的大腦為你所用

這幾年知識付費火熱，想必大家或多或少都已接觸並參與其中。就每個人而言，面對不斷湧現的知識付費內容，如何選擇，才能讓我們找到真正有利於個人提升的內容，發展自己呢？這就要求我們要了解知識付費，才能學會正確選擇。

第一，知識付費是個偽命題。知識付費，顧名思義，就是將我不知道的事透過付費學習變成我知道的事。這聽上去是個新概念，但我認為這是個偽命題。實際上，我們始終在為知識付費，比如我們出版團隊出版了一本書——《好關係是麻煩出來的》，如果你想了解這本書的內容，當你將這本書買回去閱讀，你就為知識付費了。

表面上看，你好像買了一疊裝訂成冊的紙，實質上你花錢購買的是內容，是知識。所以，互聯網時代的知識付費相比傳統圖書，並非一件新事情，二者之間唯一的區別就是載體不同，知識付費裡你獲得的物質載體不是一疊紙，而是一段

節目視聽或閱讀一篇文章的權限。事實上，這和你是否擁有一疊紙，沒有本質的區別，因為你購買的是知識，是內容，是一種啟發與收穫感。

換言之，判斷一個知識是否值得付費，根本標準在於它能否讓你獲悉自己原本不知道的事，進而獲得知識、智慧、技能，為你帶來有意義的啟發。

第二，大家之所以把知識付費當作一種新鮮事物，是因為我們剛開始適應知識產品的新形態。既然知識付費早已有之，為什麼今天我們中的很多人還是將其當作一個新鮮事物對待呢？

原因就在於我們剛開始適應產品的這種新載體。新鮮的並非知識付費本身，而是付費的形式。我們習慣花錢購買物品，所以我們會對花錢購買權限感到新鮮。但由於中國的互聯網發展經歷了免費產品的大戰，所以導致許多人直到如今還不習慣於為一個「摸不著的東西」付費。

十幾年前，我剛投身於出版業時，消費者內容價值觀念淡薄，缺少內容的篩選能力。人們認為花錢買家具很正常，但花錢買一疊紙太虛、不實在，不划算。

市面上盜版書橫行，這和今天知識付費面臨的現狀如出一轍。市場上除了盜版書，還有很多偽書——一些出版商為了牟取暴利，找一些沒有專業編輯和寫作經驗的人，借助於從網路上搜索資料，東拚西湊而成的書。這些書借用一個不存在的外國人的名字出版，披上了一層神祕的光環。

比如《沒有任何藉口》、《執行力》。這些偽書相當受歡迎，暢銷上百萬冊，成為當時很多企業家的「聖經」。更有不少地方賣書不是論本，而是論斤。人們認為其購買的是紙，而非內容。

隨著消費者生活條件的改善和知識水平的提高，人們漸漸接受了花錢買書的行為，於是盜版書的市場縮小了，偽書也賣不出去了，內容價值和版權的概念得以建立起來，書籍內容的品質有了較大的提升。

從行業內部人士看來，這是一種認知升級帶來的消費升級。十年前，很多人正是看到了這股潮流，湧入出版行業。幾乎是一夜之間，全中國各地出現了大大小小的眾多出版工作室，那個時代，手裡拿著二十萬元就可以做書，但大多數都是進來玩票的，做上一、兩筆買賣就急流勇退了。

而最終留下來的，多數都是對出版持虔敬之心、可持續生產的專業化團隊。

像磨鐵的創始人、我的前老闆沈浩波，二〇〇七年初創磨鐵的時候，不像當時眾多文化人一樣，做了一、兩筆就走，而是沉下心來，做專業化的、優質的內容。如今磨鐵每年出版幾百種圖書，以書籍為基礎，進入了網路文學、影視領域，估值達十億美元。

同樣在今天，許多知識人又進入了知識付費領域，不過其中九九%都持有玩票的心理。而這種心態是做不久的，最終剩下來的還會是擁有可持續生產內容的專業化團隊。

歷史總是驚人的相似，就連趨勢本身都是相似的。在新一輪認知升級和消費升級中，版權意識、生活水平和教育水平都上升到了一個新的階段。據泛科技興趣社區網站果殼網發布的《二〇一六年知識青年報告》顯示，七〇%的學習者在二〇一六年為在線學習付過費，這一數字在二〇一五年僅為二六%。這一巨大的認知升級為知識付費帶來了巨大的發展空間。

這不由得令我想到馬克・吐溫的那句話：「歷史並不重複它自己，但它押韻。」一面對著如此巨大的發展空間，個體要在時代的趨勢中贏得先機，享受紅利，首先就要學會判斷一個知識付費產品是否值得付費。

每一個行業在野蠻生長時期，難免會出現良莠不齊的現象，知識付費也不例外。這就需要我們進行篩選。

如前文所說，根本的標準是你能否透過它獲知你本不知道的事，能否給你帶來有意義的啟發。為了方便大家理解，下面我和大家分享一下篩選對自己有用的內容有關的四個實用小技巧：

第一，有用分為有用之用和無用之用，不只是功能性才構成付費。從類型的角度來說，滿足你應對社會競爭需要的技能提升型內容，滿足你對品質生活需要的美食、旅遊、健康類內容，滿足你對世界好奇的視野新知，滿足你心智成長的文學藝術等都構成付費。所以，不應該把自己的格局限制得太小，要對非功能性的內容抱有尊重和開放的心態。

第二，不要只在乎ＩＰ影響力，而要在乎ＩＰ的專業性。影響力是可以迅速經營的，但積累則不行，它必須是日復一日的專注和深耕，真正的價值從不是一蹴而就的。頭部大咖固然有價值，但我們在選擇一個知識付費產品時，核心的判別標準應當是專家的專業性與對內容生產的敬畏心。

第三，好的研究者不等於好的傳播者。除了ＩＰ的專業性之外，另一個重要屬性是知識內容的傳播屬性，也就是天然的可學習、易學習性。借用傳統出版的觀點，就是通俗化程度。這一點相當重要，因為吸收效率高的知識對大眾傳播的價值和意義也更大。而一個專業度很高的人，未必能做出大眾喜歡的知識付費產品。訊息爆炸時代，我們缺的不是知識，而是獲取知識的效率。

第四，ＩＰ大量的時間投入。我們必須認知到時間投入是內容的保障，也是誠意的證明。再好的專家也需要為其知識付費產品投入時間，細細打磨內容，羅永浩和papi醬退出知識付費領域，就是時間投入的重要性的證明。毋庸置疑，他們都是大咖，但他們無法為此投入充足的時間，只得選擇離場。當然，他們仍舊相當出色，至少在堅持不下去的時候選擇退出、退費，而不是用粗製濫造的內容糊弄學習者。

但我們不得不說，他們退出和退費，於個人而言，是理智之舉，但於學習者而言，其時間成本已經產生了，而時間是最大的成本。而在這一領域還有太多玩票者，在堅持不下去的同時不敢承認這一點。

所以，在選擇知識付費產品時，也要考慮到專業化生產團隊與玩票者之間的不同。未來的市場只會越來越專業，內容只會越來越精緻，因為只有越來越多好的內容，才值得為之付費，才可持續。

最後要提醒大家的是，**在篩選付費內容時要避免走入口碑誤區。口碑很重要，但一定不要盲目跟隨口碑**。你要**根據自己的需要選擇與你的層次、需求相同的人的口碑判斷，這樣的口碑才對你有意義。**

正確選擇知識付費，讓聰明的大腦為你的成長和競爭力提升賦能，而這也正是我們個人發展學會的使命：「成就有影響力的人，讓迷茫的人不迷茫，讓優秀的人更優秀。」

深度學習，提升自己的核心競爭力

馬雲說，三十年後大多數工作都將被替代，而如何使自己的未來變得不可替代，是我們每一個人都要認真思考的問題。而深度學習，可以引導我們學會全面思考，提升自己的核心競爭力。

何為深度學習？深度學習是當前人工智能領域，機器學習最熱門的方法，最近幾年的發展更可謂日新月異，以至於你還沒從上一次科技突破中緩過神來的時候，新的突破就又一次發生了。

提起「阿爾法狗」（AlphaGo，英國倫敦Google DeepMind開發的人工智慧圍棋軟體）三比〇完勝人類圍棋冠軍柯潔，似乎已經是往事，如今人們談論得更多的是「阿爾法元」。這個曾經打遍天下無敵手的阿爾法狗的弟弟，以一〇〇比〇的成績，完勝人類。這一消息再度讓人們感嘆於深度學習技術對於人類最後的智力高的挑戰。

我曾看過網上流傳過的一個段子。兩個小孩都是天才。哥哥用三個月的時間讀遍天下三千多萬冊祕籍，又用了幾個月的時間修煉，從此打遍天下無敵手。弟弟則白手起家，沒看過一招一式，也沒有得到一個人的指點，完全從零開始，竟然全憑自己參悟，僅用三天的時間將哥哥打敗。

這個故事讓人想到了《天龍八部》裡半路出家的虛竹將學盡天下武學的慕容復打敗。之後，虛竹念了一句偈語（按：婆羅門教、佛教等印度諸宗教使用的唱頌詞或唱誦詞）：「菩提本無樹，明鏡亦非臺，本來無一物，何處惹塵埃。」——這才是真正的智能。

這個段子令人開心一笑的同時，道出了深度學習領域的新的突破。阿爾法狗亦如此，僅需經過三千多萬局人類的歷史棋局的訓練，最終就可以戰勝人類圍棋世界冠軍。有人說阿爾法狗再牛，不是還需要人來教它嗎？確實，沒有人類的經驗，它壓根就學不會下棋。

然而僅僅一年後，科技的發展就超乎了所有人的意料。阿爾法元的出現，不僅證明了「人類不教我也能學會」，還證明了「沒有人類經驗的誤導，我能學得更好」。

就像上述偈語所說：「本來無一物，何處惹塵埃。」阿爾法元不需要任何人類的舊有經驗，一盤棋譜也不看，只需給定圍棋的規則，全靠自己左右互搏，結果在三天裡搞定一切。這可比阿爾法狗厲害多了，因為它不再被人類認知所局限，而能夠發現新知識，發展新策略。

比較阿爾法元和人類的下棋方法，我們發現兩者的開局和收官差不多，但是中盤差異非常大。主要的差異在於，人類的下棋方式往往都是追求局部最優，換句話說，人類更計較一時得失，而阿爾法元的下法則更系統，更有全局觀。對於阿爾法元來說，一時一地的損失不是最重要的，最重要的是從總體上規畫出一個最優的策略。

實際上，阿爾法狗與阿爾法元競爭的背後，是大數據與算法的PK。阿爾法元之所以能做到從全局入手去思考，是因為它不受心態干擾，也不受思維定勢的干擾。就像《倚天屠龍記》裡的張三豐問張無忌：「都忘了嗎？」張無忌說：「忘了。」張三豐說：「忘得好。」

深度學習是透過模仿人類的思維方式發展起來的，但是現在它又能反過來給人類思維以啟發，就像電影《銀翼殺手二〇四九》（*Blade Runner 2049*）裡說的：「比人類更人性。」

雖然人類不是機器，做不到完全不受心態和思維定勢干擾。但深度學習理論提醒我們，人類即使不能如同機器一樣做到極致，但我們卻可以讓自己的判斷更理智、更全面。

我有個朋友在一家證券公司做操盤手。公司經常要對他們進行一項訓練，在一個模擬的系統裡，給操盤手一百萬美元，要求在一個星期內把它輸光，如果全輸光了，操盤手就贏了；如果沒輸光或者賺了，操盤手就輸了。

此舉看上去似乎很荒唐，但其背後的深意卻發人深省。實際上，這種訓練的目的就是為了鍛鍊人的心態，讓人不過多受情緒干擾，並且可以時不時的用另外一種角度看待自己的判斷和行為。

凡事要學會全面思考，不要過度計較一時得失。而要做到這一點，做判斷時就要盡量排除心態和思維定勢的干擾，加以訓練心態和思維。

研究表明，深度學習的效率遠遠高於傳統的機械學習。原因就在於機械學習在很大程度上構成人的每一個組件，即神經元，各自為政，各自學習；而深度學習是將從數據中學到的經驗進行共享，進而提高了學習效率。

我們的生活也是如此，一個人只要把經驗和理解互相分享，而不是各自孤軍奮戰，那麼就會大幅提高思考和學習的效率。由此可知，於人類而言，學會分享的同時，學會反思，是學習的關鍵。

深度學習一詞雖然是二〇〇六年才被提出來的，但實際上，早在一九七〇、一九八〇年代，與之相類似的原理——神經網路就興起了。

神經網路一詞剛興起的時候，人們覺得這一技術極有發展前途，不過很快，人們發現它存在一個嚴重的缺陷，那就是它自己無法直接進行學習和優化，所有內容都需要人做大量的加工之後再教給它，它才能理解。可以說，這一技術漸漸無人問津，很大的原因就在此。

後來人們發現，用之前的方式不能好好學習的原因在於，輸出的結果不能得到及時反饋，進而無法透過這些反饋更好的修正自己。這就造成了它必須不斷由人來灌輸。當這一問題得到解決，相當多的問題也就迎刃而解。於是如今，伴隨著上面的問題的解決，深度學習再度興起。

深度學習理論的發展過程告訴我們，人類的學習要實現化知識為能力，實現知識的遷移，就一定要經過四個階段：

第一個階段是獲取訊息和死記硬背的能力，這就如同電腦收集數據和儲存數據的能力；第二個階段是消化和理解，這就是知其然還要知其所以然的過程，就如同電腦處理數據，給出結果；第三個階段是反思和總結。唐朝政治家魏徵曾說：「以人為鏡，可以明得失，以史為鏡，可以知興替。」學習對過去的結果進行反思，從而學習進步是極其重要的一環。只有做到這一點，我們才能不斷主動進步。於電腦而言，這是深度學習技術的新突破，可以從自己產生的結果中學習，並不斷進步；第四個階段是邏輯推演。這是掌握更抽象的底層規律的方法，更是知識得以很好的遷移的過程。

當然了，如何把學過的東西遷移到其他問題上去，也是深度學習中最熱門的話題之一。承上所言，傳統死記硬背式的學習，往往僅停留在獲取訊息的階段。當然，我並非說死記硬背無意義，只是死記硬背不能消化，就無法獲得任何技能。何況在此層面上，相比於電腦，人是毫無優勢的。

倘若一個人的學習僅停留在獲取訊息的層面上，那麼就如同舊式的電腦一樣，每一點進步均需要借助外界的力量幫助灌輸，結果就是缺乏理解，沒有反思，更談不上遷移。如此一來，學習就失去了意義。

對比以上第二至第四個階段，我們可以發現，第二個階段的消化理解可以讓我們獲得一個運用場景下的技能，第三個階段的反思和總結可以讓我們擁有運用於十個場景的技能包。如此一來，經過融會貫通，我們就可以理解規律的底層，進而獲得成千上萬個技能。

在這個意義上來講，慢即是快，因此，深讀一本書可以抵得上走馬看花的讀十本書。學習時，一定要從結果中學習，不斷反思，並把知識從舊問題遷移到新問題上去，如此才能不斷優化自己的思維，在學習中實現真正的進步！須知，只有自己思考出來的知識，才是最有價值的知識。

前段時間，ＢＢＣ基於劍橋大學的研究發布了一部紀錄片，預測了各種職業在未來被替代掉的可能性。根據該研究的觀點，像電話接線員、銷售員、客服這類職業被代替的可能性高達九〇％以上，有些甚至高達九九％。就連攝影師這類職業都有五〇％的可能性被代替掉。

而金融這類傳統意義上的金領職業，在未來是最容易被替代掉的職業之一。

借助於人工智能技術，如今金融交易的速度已經進展到毫秒級。使用衛星時，交易指令要發到衛星再發回地球，傳播距離太長，影響了交易速度，紐交所甚至特意修建了跨太平洋的光纜。

可以說，在這樣高速的時代，人類與人工智能系統相比，實在缺乏競爭力。於是很多人或許會好奇問：什麼類型的工作是最難被替代的呢？答案或許會讓大家驚訝。根據研究，ＢＢＣ預測公關是最難以被替代的職業。因為這是一個需要高度社交能力和情感互動能力的職業。其他排在前幾名的不容易被替代的職業包括法官、律師、心理醫生、保姆以及記者等。

表面上看來，這些職業之間似乎不存在任何關係，不過倘若你仔細思考一下就會發現，它們都強調人的情感能力，從情感理解到情感互動，再到情與法之間的權衡。而這些能力是最難被深度學習所替代掉的。

為此，ＢＢＣ預言，從某種意義上來說，這種情感能力將成為未來人類在工作中的核心競爭力。除了情感能力，人類的優勢還在於發現錯誤的能力。研究表明，在未來，作者被人工智能代替掉的概率比編輯高二〇％。這是因為隨著人工智能和深度學習的發展，寫出好文章將不再是一件難事，但是確定哪些表達不得體的能力於機器而言，則要困難得多。深度學習可以學會什麼是該說的，但很難學會什麼是不該說的。

與之相比，人類則更擅長發現錯誤，因此，一些容易造成重大社會影響的職業，很可能還是會需要人類來做最後的把關。因此，情感能力和避免犯錯的能力是我們應當著重發展的能力，因為它們在未來將會變得越來越不可替代。

求人不如求己，用優質內容成就自我價值

現今，內容經濟的發展趨勢越來越好。像軟文、付費VIP、線上教育課程這些東西都出現了很長時間，它們也都屬於內容經濟的組成部分。不過令人奇怪的是，為什麼人們以前不提，現在卻要格外強調「內容經濟」這個概念呢？

其實，內容經濟的很多成分都不是新東西，這個概念卻能在一夜之間獲得很多人的關注，在我看來，這是互聯網基礎設施和內容之間的錯位終於得到人們重

視的結果。

過去，相比內容，人們更注重基礎設施的建設，如今基礎設施建設已經基本完成，優質內容的價值就顯現出來了。人們重新注重內容，開始思考內容的價值與特點以及內容對於商業的意義，這就是內容經濟被強調的原因。

在內容經濟越來越受到重視的當下，作為一個內容行業十幾年的從業者，我在此結合自己的親身經歷，與大家分享內容經濟的四個主要特點。

第一點，基礎設施是骨架，內容是血液。互聯網上半場是基礎設施的戰爭，十年以前，大多數人才剛剛接觸網路，基礎設施不完備，這就帶來了三個影響。一是互聯網本身就提供了新鮮感，那時的用戶尚未像今天一樣見多識廣，容易厭倦；二是互聯網驟然帶來了大量的訊息，用戶還沒有學會甄別和篩選；三是很多商業經濟的效率其實並不高，比起精耕內容，提供基礎設施和平臺更能擊中用戶的痛點。

前兩點給了低品質內容生存的空間，第三點將資本與人才吸引到建設基礎設施與平臺上。於是在過去數年中，我們看到大量做基礎設施和平臺的公司大獲成功。基礎設施是加速器，服務於商業與經濟，大大提高了商業經濟活動的運行效率，然而內容是基礎設施與商業活動的連接器，在效率提升上來之後，人們才發現內容已經被忽略得太久了。

如今，更多的人經過了數年的洗鍊，品味越來越高，不再滿足於低品質的內容，這種認知的升級帶來了消費的升級，品質和獨特性取代了價格，成為更多人消費時最看重的因素。基礎設施就如同骨骼，內容則如同血液。如今人們強調內容經濟，其實是長期忽視內容的價值後，對互聯網經濟的一次補血。

第二點，先是更多，隨後是更優質。我們曾提到，用戶因認知升級而提高了對內容的篩選能力，人們先是想看到更多，繼而隨著見識的拓寬，越來越無法忍受低品質的內容，這就對內容生產提出了如下要求：首先是要求更多，隨後是要求更優質。

「龍的天空」是中國最早的網路文學網站，它曾盛極一時。這一網站提供一個平臺，允許用戶在上面寫自己想寫的東西，發表出來與大家分享。但整個過程中，創作者是沒有收益的。也就是我們今天說的UGC（用戶生產內容）。

這樣做的結果就是比起讀者想看什麼，創作者更關注的是自己想寫什麼，而且是想寫的時候寫，不想寫的時候就不寫了，結果就出現了大量斷更的小說。最初，讀者是可以容忍的，因為沒有其他的競爭者，所以讀者追求的是有得看就好。但隨之而來的「幻劍書盟」和「起點中文網」創造的VIP機制，要求讀者每看一千字，付出兩分錢到三分錢，得到的收入由網站和作者分成。

這就保證了作者更加關注讀者的感受，而且有了激勵和責任，也不會隨隨便便就斷更，這是對讀者之前投入的時間的一個保障。這就是我們今天說的PGC（專業生產內容）。

龍的天空，包括一些論壇比如天涯、貓撲，靠著大量的用戶生產的免費內容，實現了內容更多這一目標，同樣實現了對《故事會》、《小說月刊》等傳統雜誌的革命。隨後，幻劍和起點則借助於專業生產內容，實現了內容更優質的目標，又實現了對龍的天空的革命。

與此同時，包括唐家三少、天蠶土豆、我吃番茄在內的一批網路寫手成長起來，並為自己迅速積累了大量穩定的粉絲群體，形成了一個正向的循環。這期間還與起了《與空姐同居的日子》、《誅仙》等一些爆款作品。

其中《誅仙》能在那個年代達到價值十億美元的級別，堪稱劃時代的奇跡。正是依靠著這本書的IP，幻劍書盟在電子閱讀領域取得了突出的成就，磨鐵因其紙本書版權獲得了很大的收益而名聲在外，完美世界因其遊戲版權而萌發生機，並在美國那斯達克（NASDAQ，電子股票交易所）上市。作為一個上市公司，僅《誅仙》一款遊戲的收入就曾占到了完美世界年度總收入的九〇%。

當時的中國首富陳天橋極富眼光，出手收購了「起點」，組建了盛大文學。後來，起點又轉到了騰訊旗下，成了現在上市的閱文集團。如今，網路文學已經成為最富有的人的必爭之地，成為無煙硝的戰場。

網路文學的商業價值無比巨大，像唐家三少這樣最當紅的網路作家，一部還沒完稿的作品就可以賣到兩億，甚至還能夠向海外輸出內容。一部受歡迎的作品中文版剛問世，當天譯好的英文版就會在英美流傳，就像日本動漫那樣。這表明中國的網路文學已經走向世界。

不僅文字領域，影片領域也顯現出相同的規律。優酷和土豆剛合併的時候，其份額占到了影片網站市場的七〇％。當時的網路影片主要是靠用戶憑興趣上傳，品質可謂良莠不齊。不過優酷土豆的老闆古永鏘卻覺得，影片領域的競爭已經結束了。

倘若僅從UGC的角度而言，確實如此。不過他忽視了PGC的力量，專業生產內容品質更有保證，產量也會更穩定。

很快，愛奇藝在百度的支持下，借助龐大資金投入迅速崛起，透過自製內容獲得了大量的資金投入。一個標誌性事件就是優酷手中的《曉松奇談》這檔節目曾被愛奇藝奪走。原來生產一部網劇僅需投入二十萬元資金，如今已經增長到幾百萬元。試看今天的影片版圖，優酷土豆已經並非用戶獨一無二的首選。

這類例子還有很多，比如前兩年興起的直播和當前熱火朝天的知識付費。它們均體現了「先是要求更多，隨後要求更優質」的現象。通往未來，時間是最重要的戰場。

由於用戶的訊息篩選成本越來越大，在最初的新鮮感過後，人們開始注重品質，不願意將大量的精力浪費在一堆良莠不齊而且很可能有頭無尾的內容體驗中。於是，專業化內容生產興起，這個過程中伴隨著ＩＰ的品牌力、社群的互動性、參與感和自建設等相關的探索。歷史總是驚人的相似，倘若違背人們的認知規律和需求去做產品，必將遭到失敗的迎頭痛擊。

第三點，內容就是漏斗，能篩選用戶，篩選意味著更精準。在內容經濟的大潮裡，不僅是內容生產者與平臺借著風口獲益，傳統企業也同樣得以分享巨大的紅利。二〇一七年，互聯網廣告的總收入已經超過了電視臺廣告。各互聯網平臺在過去的幾年裡，以指數級的速度增長，由於會員收益以及各種靈活多樣的變現形式，使得它的定價可以遠低於電視臺。互聯網已然成為廣告的主戰場。與此同時，互聯網廣告內容也越來越向新的、多樣化的專業化生產的內容中滲透。

廣告的目的是為了流量，不過其本質卻是為了實現營銷與最終變現。就轉化率來衡量，如今單純比較流量的大小，已經越來越不具備實際意義。須知，單純的流量是「冷流」，是無溫度的。因為流量沒有經過對口的篩選，轉化率必然相當低。不過優質的內容卻可以帶來較高的轉化率，這是因為好的內容是有溫度的，所謂「我認同，所以我消費」，認同一個產品的意義比單純知道一個產品要重要得多。

比如「一条」（中國新媒體）作為一個有著兩千萬粉絲的內容公眾帳號，當其開始向電商轉型的時候，首月銷量就實現了七百多萬，此後銷售數據也始終搶眼。「一条」的成功，很大程度上是源於消費者對其提供的內容的認同，如今它已經成了一家有一定規模的內容電商平臺。

優質內容本身就等於流量，被優質內容帶來的用戶，也是經過篩選的更精準的用戶。從流量的有效性的角度來衡量，沒有篩選過的流量就無法稱之為流量。從前人們僅追求更快、更便宜，如今的人們追求優質，追求認同感。於本質而言，這是一種由認知升級帶來的消費升級。

第四點，內容打破舊限制，提供新機會，讓世界更公平。二〇一六年，我去烏鎮的時候，在網上搜索到了一家口碑很好的店鋪。它就是借助輸出內容把自己打造成了一個明星。我左轉右拐，費盡周折才在一個荒無人煙的地方找到它，那裡燈火通明。

過去人們開店，首先要考慮的就是地段，如今借助在互聯網上輸出內容，打造認同感和品牌文化，店鋪開始擺脫地段束縛。縱然是身在偏僻之地，照樣可以為人熟知。比如桃花眷村，這家主打臺灣小吃的餐飲連鎖店，不但擁有自己的公眾帳號、自己生產內容，維持著自己的粉絲社群的互動，而且以內容帶動流量，打破地段限制，以更低的成本實現了成功。

同樣，內容經濟也提供了很多新的工作崗位和就業機會，比如全媒體內容策劃人、新媒體營運、自由撰稿人、在線職涯規畫師、在線婚姻諮詢師。這些新職業給了年輕人更多展現自身價值的機會。李開復老師整理了未來的人工智能時代，ＡＩ最難取代的十類工作，其中四類工作，包括心理醫生，職業治療師、作家、老師，都與內容經濟有關。

內容經濟打破了舊限制，提供新機會，從而讓我們的世界更公平。那麼，面對內容經濟時代的到來，我們該如何做，才能用優質內容成就自我價值呢？

第一步：借助爆品打開市場。這裡的爆品可以是爆款的文章、影片、音頻、課程或者圖書等，一切以內容為核心的產品形態。要注意，爆品的意義絕不僅僅是爆品本身帶來多少直接收益，更重要的是它可以讓你與盡可能多的人建立更長遠的口碑連結。比起雪中送炭，人們更愛錦上添花。所以，一定要重視爆品。

第二步：利用爆品擴展資源。有了成功的爆品，再進一步的完善品類就容易得多。這可以節約你大量的時間成本，把時間花在內容上，而不是一開始就花在談判上。

第三步：利用資源優勢建立垂直領域的品牌壁壘。因為有了爆品，又利用爆品擴展了大量資源，這時你就占據了優勢地位。想要持續這個優勢，你就必須聚焦。因為開始時微弱的優勢如果攤薄在各個領域，就會變得沒有優勢。最好的方法是借著由爆品積累起來的優勢資源，把一個領域打穿打透。聚焦優勢，建立品牌壁壘，才能讓優勢可持續。

總之，未來將是內容經濟的黃金十年，賽道已現，能否把握機遇，在於我們是否能把握自己。求人不如求己，不妨不斷提升自己的能力、有意識的積累自己對內容的全方位理解。如此一來，你就會借助優質內容成就自我價值，成為風口浪尖的領導者。

努力奮鬥，活成自己想要的樣子

人在職場，我們不可避免會遇到一些惡意的人或事，一旦被同事攻擊了，應該回擊嗎？應該，但要注意，如果你回擊一定是出於把事情做得更好的目的，而非其他。

我的一位好兄弟，在老家開了一所針對孩子的線下特長培訓學校。為了提升自己的管理能力，他專門在北京報了一個校長班，前期交了十萬元的學費。前陣子，他又來北京學習。

那天，他原本約好晚上和我一起吃飯，結果他中午突然發訊息給我：「兄弟，我把合約發給你看一下，我馬上要交剩下的二十萬元學費了。」憑藉自己審閱過上千份合約的經驗，我打開合約一看，瞬間明白哥們被坑了。我一面立刻發訊息告訴他「千萬別簽合約，絕不要交錢，等我晚點來找你」，一面馬上開車趕往位於北京六環外的那所所謂的培訓學校。

見面後，朋友依然告訴我他很想交這筆錢，因為他的學校已經是當地最大的特長學校，年招生在三、四百人，但培訓學校的業務員口頭承諾，說培訓完能幫他一年招到兩千多人。當時我相當震驚，知道哥們是被對方高超的心理誘導術俘虜了。於是我不得不將事情分析給他聽。

「第一，合約裡並沒有承諾會幫你招到兩千人，更沒有說沒招到兩千人會怎麼樣。第二，你的學校已經是當地最大了，一年也就三百人到四百人，你真相信你們那裡的市場有兩千人那麼大嗎？第三，即便招到這麼多人，你現有的教師儲備和場地能支撐那麼多的學生學習體驗嗎？很多事情，不能光聽別人說，自己不能偷懶，要理性分析的。」

聽完我的一番話，兄弟頓時時清醒了很多。我接著問：「你已經交了十萬元，學了一段時間了，你現在學校的業績有提升嗎？」他停頓時了一下說：「倒是沒有什麼明顯變化，但我感覺自己的狀態好了很多。對了，你看，這是他們給我們學校送的兩塊匾額。」

此刻，我確實一邊替兄弟冒汗，一邊生這個所謂的校長培訓學校的氣。我指著他手頭那兩塊學校發的匾額，說：「兄弟，我在北京待了十多年了，你這兩塊匾額花了十萬元。你給我一萬元，兩千元我找人給你做兩塊更好的，另外八千元我請你吃飯。你學校有什麼管理或營運方面的問題我幫你參考，效果一定更好。你理解嗎？」

他終於聽懂了我的話，被我拉出了學校。回來的路上，他的心情並沒有我想像的那樣糟糕，甚至因為兄弟相見特別快樂。我卻有些自責，因為之前太忙，在他說要來北京學習時，也沒多問，如果能提前幫他參謀一下，他也不至於浪費十萬元。

就在我不斷自責時，坐在一邊的他突然冒出了一句話：「其實，在上這個培訓班之前，我患有重度憂鬱症，狀態相當不好。但自從報了這個班，我自己的狀態好了很多。或許我沒學到什麼實際的東西，但我整個人卻變得積極了很多。現在你把我撈出來了，我覺得挺好。沒事啦，從治好我憂鬱症的角度來說，還是挺划算的。」

我被兄弟的這番話震住了。拋開花了冤枉錢這事本身，他比我想像中看得透，看得清，看得開。儘管我也常在公司強調「向善、看到硬幣的正面！」但相比他，我覺得自己做得差遠了。

在生活中，我們時常說，用最大的善意揣測人和事，就會擁有這個世界上盡可能多的善。我們也反覆強調看得開的人，運氣都不會太差。我這兄弟就是這樣的典型。或許很多人對他受騙的事和我有著相同的想法，認為他傻，只會吃虧。

但是，他一直都是那樣樂觀積極，遇到過不少類似的事，卻始終沒被擊垮，反而過得越來越好。所以，無論我們經歷過什麼，或者正在遇到什麼，我們都應該對這個世界永遠抱有最大的善意。當我們用最大的善意看待一切事物的時候，我們就能擁有盡可能多的善；當我們用最大的惡意去揣測一切的時候，我們就會錯過這個世界上最大的善。

那麼，面對職場惡意的攻擊和不斷的是非，我們又該如何面對呢？對現實社會中的毒瘤現象，我個人極其反感：那些最初受婆婆折磨的媳婦，最後都變成了折磨媳婦的婆婆；那些被父母干涉戀愛婚姻的戀人，最後變成了干涉子女婚姻的父母；那些一開始被重男輕女思想歧視的女孩，最後拚死也要生一個男孩。

鑑於此，我常常提醒自己：不要因為曾經被惡意對待而用相同的方法對待其他人。不要做被狼欺負後，看到所有小動物都想上去踢一腳的東郭先生，不要成為那種被惡人欺負之後，自己也變成了欺負人的惡人。

同樣，面對職場的惡意攻擊和是非，我們有必要形成自己正確的是非觀，找到應對職場惡意行為的正確方式，即不斷提升自己，而非以暴制暴，以惡制惡，即便遭遇惡意攻擊，也要在保持自己的善良的同時，適時展現你的鋒芒。

俗話說：「人往高處走，水往低處流。」當一個人比別人弱很多時，如果別人瞧不起你，此時，你要做的是瞧得起自己，並能夠正確的努力。當你和別人差不多的時候，你要做的是聚焦在自己的成長上。倘若你陷入人與人的較勁之中，那只會消耗你的時間，磨損你的心智。

切記，當有一天將那些你認為的「小人」遠遠的拋在身後時，他們或許就會仰視你、尊重你、認可你。而這時再反觀對方，你也許就會改變自己的認知，重新看待那個所謂的小人了。

我想起金庸大師筆下的郭靖，他看上去似乎笨，但傻人有傻福。因為他總是著眼於自我完善，最終成為江湖領袖，一代大俠。而他成功的原因就在於大智若愚、大巧若拙。

最後送給大家一句話：將軍趕路，不追小兔。真正聰明的人總是能保有簡單、向善的心態，持續努力和精進，這是聰明人的「笨」功夫！

國家圖書館出版品預行編目（CIP）資料

厲害是攢出來的：多數人瞧不起的這些「笨功夫」，卻是聰明人用來吊打所有人。／劉傑輝著
-- 初版. -- 臺北市；大是文化，2020.09
256面；14.8×21公分. --（Think；200）

ISBN 978-986-5548-02-5（平裝）

1. 自我實現　2. 成功法

177.2　　109009957

Think 200

厲害是攢出來的

多數人瞧不起的這些「笨功夫」，卻是聰明人用來吊打所有人。

作　　者／劉傑輝
責任編輯／江育瑄
校對編輯／林盈廷
美術編輯／張皓婷
副 主 編／馬祥芬
副總編輯／顏惠君
總 編 輯／吳依瑋
發 行 人／徐仲秋
會　　計／許鳳雪、陳嬅娟
版權經理／郝麗珍
行銷企劃／徐千晴、周以婷
業務助理／王德渝
業務專員／馬絮盈、留婉茹
業務經理／林裕安
總 經 理／陳絜吾

出 版 者／大是文化有限公司
臺北市 100 衡陽路 7 號 8 樓
編輯部電話：（02）2375-7911
購書相關資訊請洽：（02）2375-7911 分機122
24小時讀者服務傳真：（02）2375-6999
讀者服務E-mail：haom@ms28.hinet.net
郵政劃撥帳號 19983366　戶名／大是文化有限公司

法律顧問／永然聯合法律事務所
香港發行／豐達出版發行有限公司 Rich Publishing & Distribut Ltd
地址：香港柴灣永泰道 70 號柴灣工業城第 2 期 1805 室
Unit 1805, Ph. 2, Chai Wan Ind City, 70 Wing Tai Rd, Chai Wan, Hong Kong
電話：（852）2172-6513　傳真：（852）2172-4355
E-mail：cary@subseasy.com.hk

封面設計／林雯瑛　內頁排版／思思
印　　刷／鴻霖印刷傳媒股份有限公司

出版日期／2020 年 9 月初版
I S B N　978-986-5548-02-5（缺頁或裝訂錯誤的書，請寄回更換）
Printed in Taiwan
定價／新臺幣 340 元